Wolfgang Huber

Margot Käßmann

Manfred Kock

Im Gespräch mit Wilfried Köpke

Wolfgang Huber
Margot Käßmann
Manfred Kock

Im Gespräch mit Wilfried Köpke

Wenn eure Kinder morgen fragen

Zur Zukunft der evangelischen Kirche

HERDER

FREIBURG · BASEL · WIEN

www.herder.de

Foto Dr. Wolfgang Huber (Umschlag, S. 17)
© Evangelische Kirche Berlin-Brandenburg-schlesische Oberlausitz (www.ekbo.de)
Foto Dr. Margot Käßmann (Umschlag, S. 53)
© Jens Schulze, Hannover
Foto Manfred Kock (Umschlag, S. 97)
© Landeskirchenamt der Evangelischen Kirche im Rheinland (www.ekir.de)
Foto Wilfried Köpke (Umschlagrückseite)
© Seyed Reza, Hannover

Innengestaltung:
Weiß – Graphik und Buchgestaltung, Freiburg
Druck und Bindung:
fgb · freiburger graphische betriebe
www.fgb.de

Gedruckt auf chlor- und säurefrei gebleichtem, umweltfreundlichem Papier
Printed in Germany

ISBN 3-451-28600-9

Inhalt

In weißen Schleiern gehn die Konfirmanden
tief in das neue Grün der Gärten ein.
Sie haben ihre Kindheit überstanden,
und was jetzt kommt, wird anders sein …

Rainer Maria Rilke (1903)
Die Konfirmanden, in: Das Buch der Bilder

Wenn eure Kinder morgen fragen

Eine protestantische Standortbestimmung

von Wilfried Köpke

Es steht nicht gut um die deutschen Kirchen im Jahr fünfzehn nach der Wiedervereinigung. Die Ergebnisse der Erhebungen von *McKinsey, Allensbach* und *dimap* lassen es nicht mehr zu, es als zynische Nachrede kirchenfeindlicher Kreise zu diskreditieren: die Kirchen haben ein Image-Problem. *Stern, ZDF,* die *Konrad-Adenauer-Stiftung* und die der katholischen Deutschen Bischofskonferenz nahe stehende *Medien-Dienstleistung-GmbH (MDG)* hatten 2003 die repräsentativen Umfragen in Auftrag gegeben und kamen für die beiden großen Kirchen zu Ergebnissen, die sich nicht verharmlosen lassen mit dem Hinweis, die Deutschen hätten überhaupt gegenüber gesellschaftlichen Großinstitutionen wie Parteien und Parlament, Gewerkschaften und Arbeitsamt den Respekt verloren.

Als Fazit bleibt: Den Befragten mangelt es an Vertrauen gegenüber den Kirchen; sie werfen den

Kirchen eine schlechte Aufgabenerfüllung vor, erinnern sie an ihre Kernkompetenzen und attestieren dringenden Verbesserungsbedarf.

Kirchen in der Glaubwürdigkeitskrise

Die Kirchen in der Bundesrepublik Deutschland stecken in einer Glaubwürdigkeitskrise, die katholische noch mehr als die evangelische.

Das trifft eine Kirche ins Mark, noch viel mehr als andere vom Image-Verlust betroffene gesellschaftliche Organisationen. Denn Glaubwürdigkeit gehört wortwörtlich und ausdrücklicher als ein beliebiger unternehmerischer oder organisationsspezifischer Image-Faktor zum Kerngeschäft, zur unmittelbaren Kompetenz der Kirche als Bewahrerin und Vermittlerin des christlichen Glaubens.

Ist die Glaubwürdigkeit der Kirche bedroht, dann verdunkelt das die Botschaft der Kirche, dass Gott Beziehung mit den Menschen sucht, solidarisch ist im Leiden, gegenwärtig im Ringen der Welt, auch und gerade in den Kirchen als Gemeinschaften lebendigen Bezeugens, wirksamer Praxis und über sich selbst hinausweisender Liturgien.

Verlieren sie langfristig an Glaubwürdigkeit, Vertrauen und Image, dann werden die Kirchen gesellschaftliche Randerscheinungen. Dann werden sie weder die eigenen Werte in die politischen Auseinandersetzungen einbringen noch als Anwältinnen der Ausgegrenzten deren Anliegen und Forderungen auf die politische Agenda setzen können.

Zugleich ist das Bedürfnis der Leute nach rituellen und religiösen Orten ungebrochen. Stolz vermelden die Kirchen 30 Millionen Gottesdienstbesucher Weihnachten 2004, und die Kirchen waren am 11. September in vielen deutschen Städten ebenso gefüllt wie ein Ort des Trauerns nach dem Amoklauf in Erfurt.

„Wenn dich morgen dein Sohn fragt ..."

In dieser Situation hat sich der 30. Deutsche Evangelische Kirchentag 2005 als Losung ein Zitat aus dem 5. Buch Mose, dem Buch Deuteronomium, gegeben. „Wenn dein Sohn, dein Kind dich morgen fragt ..." (Dtn 6,20). Dieser Satz leitet das Treuebekenntnis Israels ein: zum Gott des Exodus, zum Gott der Befreiung aus Ägypten und zu der aus dieser Erfahrung entstandenen Gestalt gesellschaftlichen Zusammenlebens.

Die biblischen Autoren wissen um die Bedrohtheit des Gottesglaubens, nicht nur durch das Vergessen des Exodus-Gottes, sondern auch durch den Generationenwechsel. Von Generation zu Generation sollen die Eltern den Kindern sowohl weitererzählen, wie Gott Israel aus der Knechtschaft befreit und mit ihm einen gesellschaftlichen Bund geschlossen hat, als auch ihre eigenen Glaubens- und Gotteserfahrungen ins Gespräch bringen. Die biblischen Autoren gehen davon aus, dass die Glaubenstradition gefährdet ist, und dringen deshalb auf eine Kultur des Erzählens und Bekennens.

Treffend stellt sich der Kirchentag unter dieses Motto. Mehr noch: Es sollen Antworten gegeben werden: „Gut, wenn du eine Antwort weißt." Dieser Slogan bildet Engelsflügel im Rücken der Männer und Frauen, die auf Plakaten als die ‚normalen Nachbarn von nebenan' für den Kirchentag werben.

Die Kirchentage sind Gradmesser der protestantischen Befindlichkeit mit einer starken öffentlichen Wahrnehmung über die Kirchenmauern hinaus. Sie gelten – zumal die regelmäßig veranstalteten Kirchentage der neuen Generation nach 1949 – als Zeitansagen des deutschen Protestantismus, als „Medium des Aufbruchs" (Propst Heino Falcke), werden aber auch missverstanden als „Spiritualitätskirmes" (Joachim Kardinal Meissner).

Sie waren bisher häufig Foren eines über die Kirche hinausweisenden gesellschaftlichen Dialogs. Die Friedensbewegung der 80er Jahre hatte ihre ersten öffentlichen Auftritte 1981 auf dem Kirchentag in Hamburg, bevor sie im Herbst im Bonner Hofgarten demonstrierte. Die Themenfelder der neuen sozialen Bewegungen wurden im Prozess für Frieden, Gerechtigkeit und Bewahrung der Schöpfung auf den Kirchentagen, besonders in Düsseldorf 1985, diskutiert, bevor sie von den politischen Parteien wahrgenommen und zum Teil vereinnahmt wurden.

Ökumenischer Dialog und ökumenische Praxis auf dem gemeinsamen Berliner Kirchen- und Katholikentag haben 2003 eine geistliche Nähe und Gemeinsamkeit der Christen der großen christlichen Konfessionen gezeigt, die manchen Kirchenoberen, vor allem den römischen, bereits zu intim, beinahe promisk war. Die Kirchentage sind eben auch Zeitansagen der kirchlichen Basis an die kirchliche Obrigkeit und die Kirchenfunktionäre, sind Foren einer innovativen Basiskirche.

Auf dem Kirchentag in Hannover wird es nicht *das* eindeutige Thema geben. Spiritualität, Bildung und Globalisierung sollen nach der Einschätzung der gastgebenden Landesbischöfin *Margot Käßmann* Schwerpunkte werden. Um die Reformdebatte der sozialen Sicherungssysteme in der Republik werden die evangelischen Christen auch nach den Interventionen ihres Ratsvorsitzenden Bischof *Wolfgang Huber* nicht herumkommen, zumal die politische Elite von Thierse bis Köhler, Fischer bis Weizsäcker an prominenter Stelle vertreten sein wird. Das mag mit der Befindlichkeit der Kirche überhaupt und ihrer Positionierung in der Berliner Republik zusammenhängen.

Kirche in der Berliner Republik

Die Kirche wie die bundesrepublikanische Gesellschaft befinden sich im Jahr 2005 in einer Phase der Neuorientierung. Überliefertes wirkt wenig tragfähig, Gegenwärtiges brüchig, Zukünftiges entzieht sich selbst ideologischen Eindeutigkeiten. Ist es schon schwierig, zu „sagen, was ist“ (Walter Dirks), wird es ein hilfloses Stammeln, zu vermuten, was wird.

Im pragmatischen und kurzatmigen Politikverständnis der Berliner Republik hätte die Kirche die Chance der visionären Angebote und motivierenden Entwürfe, wenn sie sich ihrer sicher wäre. Welche Werte liegen der politischen Kultur der Berliner Republik zugrunde? Welche will die evangelische Kirche einbringen? Worin liegen ihre spirituellen und theologischen Angebote an eine Generation, die längst nicht mehr aus selbstverständlichen kirchlichen Milieus stammt? Die Antworten an die junge Generation müssen neu gesucht werden. Die Kirche, fünfzehn Jahre nach der Wende, gleicht in ihrer Orientierungssuche fünfzehnjährigen Konfirmanden.

Die folgenden drei Gespräche versuchen die Chance, die in dieser fragenden Selbstvergewisserung im Jahr 2005 liegt, auszuloten.

Wolfgang Huber, als Bischof von Berlin und Ratsvorsitzender der EKD, denkt besonders über die gesellschaftspolitische Rolle der Kirche und ihre Relevanz im politischen Diskurs nach.

Landesbischöfin *Margot Käßmann* betont die notwendige innerkirchliche Erneuerung und spricht über die ökumenische Krise.

Alt-Präses *Manfred Kock*, der Vorgänger von Bischof Huber im Amt des EKD-Ratsvorsitzenden, reflektiert den Wandel in der evangelischen Kirche und deren Selbstverständnis.

Die drei profilierten Protestanten stehen beinahe für drei Generationen innerhalb der evangelischen Kirche, für drei protestantische Profile. Interessant ist, dass sie dennoch die gleichen Daten und Begriffe in den Gesprächen als glaubensrelevante Themen ausbuchstabieren: 11. September, Fall der Berliner Mauer, Besinnung auf kirchliche Tradition und Bekenntnis. Die Gespräche sind Versuche der Standortbestimmung für die evangelische Kirche Deutschlands in der Krise.

Bischöfinnen und Bischöfe neigen dazu, für die Kirche ein vermeintliches Monopol der Krisen-Umwandlung in Hoffnungsmomente zu reklamieren. Die Interviewten entdecken aber nachdenklich in ihren eigenen Lebensläufen wie in der jüngsten Kirchengeschichte das Unvorhergesehene, das sich nicht fugenlos in die Lebensentwürfe und kirchliche Organisationsplanungen einpasst.

Wolfgang Huber

Im Gespräch

Mit Wolfgang Huber als EKD-Ratsvorsitzendem ist die evangelische Kirche im politischen Berlin angekommen. Huber ist nach vierzehn Jahren als Professor in Marburg und Heidelberg seit 1994 Bischof von Berlin, Brandenburg und der schlesischen Oberlausitz. Hatte die EKD bisher nur einen Prälaten als Repräsentanten am Sitz der Bundesregierung in Bonn und Berlin, so wird seit November 2003 sehr selbstverständlich Wolfgang Huber als oberster Repräsentant von 26 Millionen Protestanten im politischen Berlin gerne gesehen, eingeladen und als Berater gehört – und das nicht nur, weil er als lokaler Bischof vor Ort ist.

Es liegt auch und vor allem an der Person des profilierten Protestanten Huber. Wäre Wolfgang Huber nicht als Bischof nach Berlin gekommen, so vielleicht als SPD-Bundestagsabgeordneter. Der Ruf als Bischof von Berlin war die größere Herausforderung. Und Berlin hat einen politisch denkenden, intellektuell herausfordernden und im Auftreten gewandten und so gar nicht klerikal wirkenden Bischof bekommen, der die nötige Zusammenführung der Kirche im Osten und Westen seiner Region und ihre notwendige Umstrukturierung in Zeiten knapper Kassen beherzt anging.

Bereits drei Jahre später schien Wolfgang Huber die Landeskirche zu klein geworden, und der Bischof versuchte 1997 die Wahl auf den EKD-Ratsvorsitz zu gewinnen. Er unterlag damals dem als bodenständiger, vielleicht auch frömmer und politisch mehr in der Mitte stehend geltenden Präses der

Evangelischen Kirche im Rheinland, Manfred Kock. Enttäuscht war er damals. Sechs Jahre später hat er die Wahl gewonnen. Diesmal unterlag die Landesbischöfin aus Hannover, Margot Käßmann. Politisch zu links, zu jung, zu sehr an der feministischen Theologie orientiert, galt sie. 2009 ist die nächste Wahl, zumindest an der Altersfrage arbeitet sie täglich.

Termine für die Interviews bei Wolfgang Huber zu bekommen, ist nicht einfach. Sein Terminkalender ist auf Monate hinaus belegt mit landeskirchlichen und EKD-Terminen. Zu einem Treffen kommt Wolfgang Huber eine halbe Stunde zu spät. Der Bundespräsident und Frau Köhler hatten sich ins Goldene Buch der Bundeshauptstadt eingetragen und Huber gebeten, anwesend zu sein. Er ist gerne gekommen. Protestantische Flagge zeigen. Dazugehören.

Dass man den politisch engagierten Theologen im Lutherrock bei der Papstaudienz in der „Tagesschau" sieht, mag manchen aus Marburg und Heidelberg ebenso irritieren wie die Bilder von Huber mit den Spitzen der CSU beim Kamingespräch in Wildbad Kreuth im Januar 2005. Für Wolfgang Huber ist es nur folgerichtig: Er will die Stimme, das selbstbewusste Gesicht der evangelischen Kirche in Deutschland sein. Der 62-Jährige ist überzeugt, dass die Kirche auch 2005 eine Botschaft hat. Deshalb mischt er sich ein bei Themen von Gentechnik bis zu Hartz IV und versucht, in die politische Wirklichkeit der Berliner Republik die Botschaft des Evangeliums zu übersetzen. *W.K.*

Der Hauptstadtbischof …

… zur Rolle als Stimme der evangelischen Kirche im politischen Berlin – über demografischen Wandel und Familienpolitik – zur theologischen Herausforderung der politischen Wende von 1989

Wilfried Köpke: Bischof Huber, Sie kommen gerade aus dem Roten Rathaus. Dort hat sich Bundespräsident Horst Köhler ins Goldene Buch der Stadt Berlin eingetragen und Sie waren als Hauptstadtbischof dabei. Laufen Sie nicht Gefahr, in Berlin die kirchliche Dekoration staatlicher Ereignisse zu werden, ein, mit Verlaub, evangelischer Gruß-August?

Wolfgang Huber: Nein, es war nicht nur ein Zeichen, um dem Bundespräsidenten Respekt zu erweisen, sondern auch ein Stück persönliche Freude darüber, dass er als bewusster, evangelischer Christ in Berlin in diesem Amt ist. Und es war gut zu erleben, wie stark sich der Bundespräsident mit seiner Frau auf Berlin und alle Aspekte des Berliner Lebens einlässt. Gerade deshalb war es wichtig, dass die verschiedenen Aspekte des Berliner Lebens auch vertreten waren. Und ich habe meine Anwesenheit, da sie sich zeitlich einrichten ließ, für selbstverständlich gehalten. Natürlich bin ich noch gespannter darauf, mit ihm persönlich über seine ersten Eindrücke und seine Perspektiven auf dieses Amt und seine Erwartungen an die Christen und die Kirchen in unserem Land sprechen zu können.

Sie treten im politischen Berlin auf als evangelischer Bischof von Berlin-Brandenburg und der schlesischen Oberlausitz, aber auch als EKD-Ratsvorsitzender. Noch einmal: Ist es mehr als eine dekorative Rolle, will das politische Berlin Sie wirklich als Stimme der evangelischen Kirche hören?

Diese Erwartung ist nicht allein auf mich als Person bezogen, aber ja, man will die evangelische Stimme wirklich hören. Als Prälat Stefan Reimers …

… der Bevollmächtigte der EKD bei der Bundesregierung …

… öffentlich seinen 60. Geburtstag feierte, kamen die Vertreterinnen und Vertreter der Politik und sagten ganz klar: Erstens, wir brauchen die Stimme der Kirche, denn wir leben in einer Situation, in der wir grundsätzliche Orientierung und Unterstützung bei sehr schwierigen Entscheidungen brauchen. Zweitens, wir hören darauf sehr aufmerksam und sind froh, qualifizierte kirchliche Stimmen zu hören, die Anlass und auch wirklich Grund zum Nachdenken bieten. Drittens, wir hören die kirchliche Stimme selbst dann und nehmen sie sehr ernst, wenn wir nicht eins zu eins umsetzen, was die Kirchen vorschlagen. Das war die dreifache Botschaft. Und diese Aussage ist gedeckt dadurch, wie ich Politik in Berlin auch tatsächlich erlebe, über Parteigrenzen und über die Grenzen zwischen Regierung und Opposition hinweg. Ich glaube, gerade in dieser

Hinsicht hat sich in den vergangenen Jahren manches zum Guten entwickelt.

Durch den Umzug der Regierung von Bonn nach Berlin und die damit verbundene veränderte politische Kultur oder den Regierungswechsel von Schwarz-Gelb zu Rot-Grün?

Der Regierungsumzug von Bonn nach Berlin war damit verbunden, dass eingespielte Kommunikationswege an ein Ende kamen. Das haben wir auch als Kirche gespürt. Dies verband sich damit, dass man der rot-grünen Regierung zuerst unterstellte, dass sie in einer größeren Distanz zu den Kirchen, nicht nur zur katholischen, sondern auch zur evangelischen Kirche stünde, als das bei der vorhergehenden Regierung der Fall war.

Es gab und gibt auch gegenteilige Stimmen.

Es handelte sich in doppeltem Sinn um einen Neubeginn. Wir sind offen auf ihn zugegangen und – bei allen Schwierigkeiten – damit gut gefahren.

Als 1997 die katholische und die evangelische Kirche in Deutschland die Stellungnahme „Für eine Zukunft in Solidarität und Gerechtigkeit“ herausgegeben haben, las sich das, am Ende der Ära Kohl, wie die Vorabfassung einer rot-grünen Regierungserklärung.

Ich muss daran erinnern, dass das Wort zur wirtschaftlichen und sozialen Lage von 1997 aus einem vierjährigen Diskussions- und Konsultationsprozess entstanden ist, an dem sich nicht nur kirchliche Gruppen, sondern die gesamte Öffentlichkeit beteiligen konnte. Das war das Neue und Herausragende an dieser Stellungnahme. Sie hat tatsächlich in einer gelungenen und konzentrierten Weise Einsichten zusammengefasst, wie sie nachdenkliche Menschen, orientiert an der Zielsetzung von Gerechtigkeit und Solidarität, zum damaligen Zeitpunkt entwickeln konnten. Das Wort der Kirchen „Für eine Zukunft in Solidarität und Gerechtigkeit" hat übrigens diese Orientierung verbunden mit einer, wie ich finde, sehr intensiven, besonders auch theologischen Grundlegung. Ich habe immer bedauert, dass diese theologische Grundlegung in der öffentlichen Rezeption kaum eine Rolle gespielt hat. Weder wurde die theologische Klärung wahrgenommen, die unsere Mitverantwortung in der Gesellschaft, im Horizont von Glaube, Liebe und Hoffnung deutet, noch wurden die Konsequenzen diskutiert, die im letzten Kapitel für die Kirche selbst gezogen werden. Sondern man hat immer nur die Situationsanalyse und die politischen Vorschläge angeschaut, die daraus abgeleitet wurden. So entstand der Eindruck einer Überschneidung mit dem, was Rot-Grün sich vorgenommen hatte.

Hätte man bei genauerer Lektüre mehr CDU/CSU-Nähe entdeckt?

Im Wort „Für eine Zukunft in Solidarität und Gerechtigkeit“ gibt es auch einen großen Überschneidungsbereich mit Grundüberzeugungen zu CDU und CSU wie zur SPD und den Grünen. Das gilt mit zwei Einschränkungen, eine in jede der politischen Richtungen.

Die eine: Das Wirtschafts- und Sozialwort hat einen besonderen Akzent gelegt auf die Unterschiede der Lebensverhältnisse zwischen Ost und West. Es geht um das Problem, das gerade in den vergangenen Monaten wieder stärker bewusst geworden ist, aber im öffentlichen Bewusstsein ziemlich verdrängt war. Gewiss ist in der Zwischenzeit der Solidarpakt verlängert worden. Wir haben also eingesehen, dass die Angleichung der Lebensverhältnisse nicht in vier Jahren passieren konnte, wie Helmut Kohl Anfang der neunziger Jahre gedacht hat, auch nicht in zehn Jahren, wie manche andere gedacht haben, sondern dass Alt-Bundespräsident Johannes Rau Recht hatte mit seiner Diagnose, dass es sich um eine Generationenaufgabe handle. Und das ist in erster Linie eine Zeitdiagnose, nicht, wie die meisten Leute meinen, eine finanztechnische Entscheidung. Es ist eine Zeitdiagnose, die besagt: Dieses Land in der Mitte Europas hat für die Dauer einer Generation mit dem Überwinden der Folgen der Teilung als Schwerpunktaufgabe zu tun. Wir haben das bereit damals angesprochen, ohne dass es so rezipiert worden wäre.

Die andere Einschränkung: In der ersten Amtszeit der rot-grünen Regierung habe ich nicht den

Eindruck gewonnen, dass das Thema Familie mit dem Gewicht versehen worden ist, das es nach meiner festen Überzeugung haben muss.

Lebensformen sind durchaus rot-grüne Themen der vergangenen Jahre gewesen.

In der Tat – aber nur als Frage der Überwindung von Diskriminierung. Man hat ja die rechtliche Stellung gleichgeschlechtlicher Lebensgemeinschaften vollständig dem Thema „Abbau von Diskriminierung" untergeordnet und sie nicht eingeordnet in die Fragestellung, wie wir mit unterschiedlichen Lebensformen umgehen und innerhalb dieser unterschiedlichen Lebensformen die besondere Bedeutung von Ehe und Familie respektieren.

Mit der Folge …

… dass bei den in die Zukunft gerichteten Reformprojekten der „Agenda 2010" die Familienpolitik zunächst überhaupt nicht vorkam.

Indirekt. Als Frage nach den Möglichkeiten für Männer und Frauen, am Erwerbsleben teilzuhaben.

Aber nicht wirklich in der Würdigung der Entscheidung für Kinder. Und auch nicht in einer Analyse der demografischen Problemstellung und demografischen Entwicklung, des Rückgangs der Geburtenzahlen. Was bedeutet es, dass die Bundesrepublik Deutschland unter 191 Staaten der Erde auf Rang 185 bei der Geburtenrate steht? Wie soll man denn Zuversicht für die Zukunft der Gesellschaft entwickeln, wenn man gleichzeitig keine Zuversicht für die Zukunft der eigenen Kinder hat? Diese Art von Fragen sind erst allmählich diskutiert worden. Verglichen damit haben wir das Thema Familie im gemeinsamen Wort der Kirchen mit größerem Nachdruck thematisiert. Trotzdem sage ich auch, dass dieses Sozialwort eine Bündelung von Einsichten war, wie man sie Mitte der neunziger Jahre entwickeln und formulieren konnte. In der Mitte des ersten Jahrzehnts des neuen Jahrtausends müssen wir weiterdenken und neu formulieren. Wir tun dies mit Blick auf die Aufgaben, die wir hinsichtlich der Gestalt unserer Gesellschaft im Jahr 2020 oder 2030 haben. Dabei müssen wir über unsere eigenen Interessen hinausdenken.

Nun ist, anders als in den achtziger und neunziger Jahren, als kirchliche Gruppen Gerechtigkeit, Frieden und Bewahrung der Schöpfung als Themen gesellschaftsrelevanten kirchlichen Handelns entdeckten, die soziale Frage als Thema in Kirchen und Gemeinden nicht mehr „en vogue“.

Das halte ich für eine falsche Diagnose. Ich glaube vielmehr, dass die soziale Frage die Menschen in einer anderen Weise beschäftigt, als das vor 1990 der Fall war. Sie haben sich auf den konziliaren Prozess für Gerechtigkeit, Frieden und die Bewahrung der Schöpfung bezogen und daran erinnert, welche Mobilisierungswirkung von diesem Prozess vor 1990 ausging. Das geschah insbesondere dort, wo man eine solche Mobilisierung ganz besonders dringend brauchte, nämlich in den ost- und mitteleuropäischen Ländern, und da ganz besonders in der DDR. Dieser Prozess hat sich sogar, das gehört wirklich zu den großen Wundern, die ich im eigenen Leben dankbar und staunend erlebt habe, mit einer politischen Veränderung verbunden, die nicht einmal von denen erhofft worden ist, die diese Mobilisierung betrieben haben. Vergleichen Sie die Texte von Basel …

… der Europäischen Ökumenischen Versammlung für Frieden in Gerechtigkeit …

… im Frühjahr 1989 mit der Wirklichkeit des Herbstes 1989, und Sie müssen zugeben, dass unsere Gebete erhört worden sind, über alles Wissen und Verstehen hinaus, dass wir gar nicht so mutig im Reden waren, wie die Realität mutig darin war, sich zu verändern. Danach waren alle damit beschäftigt, diese Veränderung zu verarbeiten. Wir sind Zeugen des größten geschichtlichen Umbruchs in Europa nach 1945 geworden. Die vergangenen 15 Jahre haben wir in vollem Umfang damit zu tun gehabt, das zu verarbeiten. Ich bin fest davon überzeugt, dass wir damit noch nicht am Ende sind.

Aber haben nicht die Kirchen und kirchlichen Friedens- und Bürgerrechtsgruppen solchen Wandel gefordert?

Ja, aber mit einer solchen politischen und gesellschaftlichen Veränderung geht man anders um, wenn sie erfolgt ist, als wenn man in einer Situation, die man als Stagnation erlebt, Veränderung fordert. Es ist anders, vor der Veränderung zu stehen, die man für erforderlich hält und zu sagen: „Jetzt soll sie kommen" und Menschen dafür zu mobilisieren, als nach einer wirklich umwälzenden Veränderung zu stehen und zu fragen: Was macht diese Wende eigentlich mit mir, im persönlichen Leben, was macht sie mit der Gesellschaft, was macht sie mit dem politischen Koordinatensystem, in dem wir uns bewegen?

Auch mit Ihrem Koordinatensystem? Ihrem Leben?

In den Ereignissen des Jahres 1989 sehe ich eine kollektive Erfahrung mit ihren individuellen Entsprechungen in der persönlichen Lebensgeschichte. Meine eigene Biografie ist in einer Weise durch das Jahr 1989 umgestülpt und verändert worden, wie ich das vorher nie geahnt habe.

Wie?

Ganz konkret. Ich bin 1994 Bischof einer Landeskirche geworden, die es in dieser Form überhaupt erst durch das Jahr 1989 wieder gibt. Ich glaube nicht, dass ich ohne das Jahr 1989 nach Berlin gekommen wäre. Und als Bischof dieser Landeskirche erlebe ich die Folgen von 1989 in meiner täglichen Arbeit. Ich bin die ersten Jahre nahezu täglich über den Mauerstreifen hinweggefahren, zur Arbeit und von der Arbeit, und habe das alles noch gespürt. Ich staune jedes Mal, wenn ich jetzt durch diese Stadt fahre, wie sie sich verändert und in einem sehr physischen Sinn zusammenwächst, was zusammengehört. Diese Befreiungserfahrung – es war ja eine Befreiungserfahrung – war eine Erfahrung nicht nur für die Menschen im Ostteil Berlins und in Brandenburg und in den anderen Neuen Ländern, wie wir sie nennen, sondern auch eine Befreiungserfahrung für die Menschen im Westteil Berlins. Und die einen wie die anderen tun sich gleich schwer damit, diese Befreiungserfahrung zu verarbeiten.

Ganz biblisch.

In der Tat. Auf die Befreiung folgen vierzig Jahre in der Wüste. Und auch nach den Jahren in der Wüste folgt nicht unmittelbar das Paradies, sondern ein Zwischenland, das die Bibel als das Land beschreibt, in dem Milch und Honig fließen.* Gemeint ist damit, dass trotz der kargen Vegetation genug da ist, damit die Tiere fressen können, um Milch zu geben, und dass sich trotz dieser begrenzten Umstände immerhin so viel blühende Vegetation entwickelt, damit die Bienenschwärme Honig produzieren.

Diese Umstellungsprozesse in der Folge unserer Befreiungserfahrung erleben auch wir sehr unmittelbar. In den vergangenen Jahren habe ich häufig in Pre-

* Exodus / 2. Mose 3,8 und etliche Stellen mehr.

digten diesen Weg des Volkes Israel beschrieben, weil das drastisch Realistische am Exodus …

… der biblischen Erzählung von Befreiung und Auszug Israels aus Ägypten …

… für unsere eigene Situation auch darin besteht, dass auf den Fall der Mauer nicht lauter Sonnenschein, sondern die Mühen und Schwierigkeiten, kollektiver wie persönlicher Art, folgen. Ich habe überhaupt keine Scheu, diese Parallele zwischen unseren geschichtlichen Erfahrungen und den Erfahrungen des biblischen Israel zu wagen. Nicht um Israel seiner unvergleichlichen Geschichte zu enterben, sondern weil im Grundtypus dieser Befreiungserfahrung etwas zu lernen ist über die Wirklichkeit der Geschichte, in der wir uns heute bewegen.

Da denkt der Theologe Huber dann heute wieder geschichtstheologisch – eine späte Renaissance befreiungstheologischer Ansätze?

Wir müssen ebenso geschichtstheologisch denken wie auch kosmologisch. Wir müssen sowohl die Schöpfungskategorie als theologische Kategorie wieder gewinnen als auch Gottes Handeln in der Geschichte als ein Grundthema von Theologie und Predigt ernst nehmen.

Der Bischof von Ost und West …

… zum Wandel im kirchlichen Selbstverständnis – über Kirche als Stimme der gesellschaftlich Benachteiligten – zum evangelischen Prinzip des Priestertums aller Gläubigen

Die Kirchen spielten und spielen im Prozess des Zusammenwachsens eine wichtige Rolle, 1989 bis heute. Die Medien nutzen die Pastorinnen und Pfarrer als Stimme der Hartz-IV-Betroffenen und Interpreten der gesellschaftlichen Stimmungen.

Dass wir Mund der Stummen sind, Anwälte derer, die sich nicht allein Gehör verschaffen können, ist eine Grundaufgabe von Kirche. Mit Sicherheit ist es auch einer der großen Lernschritte in der Entwicklung der evangelischen Kirche, diese Aufgabe viel bewusster wahrzunehmen, als das zum Beispiel im 19. Jahrhundert der Fall war. So lautet der große Vorwurf an die Kirche, dass sie nicht rechtzeitig gemerkt habe, wer die Opfer des Industrialisierungsprozesses waren und auf welcher Seite die Kirche hätte Partei ergreifen müssen.

Wenn man diese Aufgabe sieht und anerkennt, dann muss man sich zugleich zum Anwalt derjenigen machen, die heute noch nicht geboren sind und deshalb noch nicht für sich selber sprechen können, und sich dafür einsetzen, dass deren Entscheidungsspielräume nicht kleiner werden als die Entscheidungsspielräume, die wir heute für uns selber in Anspruch nehmen. Wenn wir als evangelische Kirche, wie ich in der Diskussion im Herbst 2004 gesagt habe, mehr Mut zu Reformen fordern, dann tun wir das aus einer Denkweise heraus, die unsere Kinder und Enkel ebenso im Blick hat wie diejenigen, die heute an den Rand gedrängt werden. Die einen sind uns so wichtig wie die anderen.

Und das heißt?

Weil wir für den Sozialstaat eine Zukunft wollen, setzen wir uns dafür ein, dass dieser Sozialstaat so umgebaut wird, dass wir auch morgen und übermorgen noch von einem Sozialstaat reden können. Aber – und das sage ich mit großem Nachdruck – wenn wir von Reformen sprechen, dann Reformen um der Menschen Willen! Vordringlich für diejenigen, die jetzt und heute und hier einen Sozialstaat brauchen. Aber der reformierte Sozialstaat muss so gestaltet werden, dass er nachhaltig ist, dass er zukunftsfähig ist und dass er nicht kapitulieren muss vor dem demografischen Wandel und wirtschaftlichen Unwägbarkeiten, die natürlich nicht ein für alle Mal auszuschließen sind.

Hat die evangelische Kirche die Chance, diesen Prozess mitzugestalten, zu fördern und zu vermitteln? Zu Ihrer Landeskirche gehören Brandenburg, Teile der Lausitz, Landstriche, in denen die Christen eine Minderheit sind.

Ja, aber für den Osten gilt auch, dass es eine besondere Verpflichtung der Kirche gibt, über den engeren kirchlichen Bereich hinauszugehen. Das gilt gerade im Blick auf die Kernbotschaft unserer Kirche. Etwas plakativ gesagt: In Ostdeutschland glauben mehr Menschen an Gott, als zur Kirche gehören. In Westdeutschland ist es vielleicht eher umgekehrt. Aber denken Sie nur, in Ost wie West, an die vollen Kirchen nach dem Anschlag vom 11. September. Und Ähnliches gilt erst recht im Blick auf die soziale Kompetenz, die man der Kirche zutraut. Man traut ihr zu, Anwältin der Menschen zu sein – in aller Unterschiedlichkeit der Lebenssituationen. Das tritt manchmal in den Hintergrund, wenn man so plakativ von den Armen und den Schwächsten redet. Diejenigen, die nicht die Allerärmsten sind, aber trotzdem – vielleicht sogar durch Hartz IV – in den Sog eines Verarmungsprozesses geraten, haben es genauso verdient und haben genauso ein Recht darauf, dass wir uns als Kirche ihre Anliegen zu Eigen machen, wie diejenigen, die in den vergangenen 15 Jahren Neues aufgebaut und geschaffen haben. Auch die sollen wissen, dass ihr Einsatz, ihr Engagement und auch ihr Erfolg von der Kirche respektiert werden. Wir müssen als Kirche die unterschiedlichen Lebenslagen in den Blick nehmen, die Situation der Jungen, die auf Ausbildungsplätze warten, die der Alten, die sich wund gerieben haben durch eine lebenslange und am Ende vielleicht verlorene Berufstätigkeit, die der Frauen, die versuchen, Erwerbsarbeit und Familie miteinander zu verbinden. Viele trauen uns zu, dass wir ihre Anwälte sind gegenüber einem Gemeinwesen, das als immer bürokratischer und immer abstrakter werdend erlebt und erfahren wird.

Und als fremd.

Dafür ist Hartz IV ein überdeutliches Beispiel. Jeder, der sich hingesetzt und den Fragebogen durchgearbeitet hat, der sich in diese Situation versetzt hat – wenn er nicht selber in der Situation ist, diesen Fragebogen ausfüllen zu müssen –, wer die Anweisungen gelesen hat, die vor diesem Fragebogen stehen, der weiß, was es bedeutet, dem Staat und seinen Agenturen, der Arbeitsverwaltung und seinem bürokratischen Apparat als etwas äußerst Fremdem zu begegnen. Als Kirche müssen wir Anwältin derer sein, die mit einer solchen Fremdheit und einer solchen Kälte konfrontiert werden. Wer sich auf die Seite der Schwächeren stellen will, braucht den Mut zum Perspektivwechsel. Als Kirche nehmen wir die Perspektive derer ein, die entrechtet, gedemütigt und mundtot gemacht werden.

Überfordert das nicht die Pastoren vor Ort?

Sie sind ja nicht allein. Wir erleben in den vergangenen Jahren den Abschied von der Pastorenkirche. Es sind viele Ehrenamtliche, die das Engagement der Gemeinden mittragen. Stellen Sie sich nur einen Tag ohne das Engagement der zigtausend Ehrenamtlichen vor. Ein urprotestantisches Merkmal ist das allgemeine Priestertum aller Gläubigen. Diese gemeinsame Verantwortung aller kommt in der Arbeit der Ehrenamtlichen zum Tragen.

Vor Ort mag das sehr praktisch gelingen, und auf Bundesebene, auf der Ebene der EKD?

Das gelingt schon dadurch, dass in den Gremien der EKD sehr viele Menschen mitarbeiten, die sich an dieser Erfahrung vor Ort ganz unmittelbar beteiligen. Als Beispiel lässt sich der Rat der Evangelischen Kirche in Deutschland nennen, der im Unterschied zu der katholischen Bischofskonferenz ein Gremium ist, dem in der Mehrzahl Laien und ungefähr ebenso viel Frauen wie Männer angehören. Ein Mitglied ist Gudrun Lindner, die Präsidentin der sächsischen Landessynode, die als vormundschaftliche Betreuerin beruflich Menschen berät, die in solchen Lebenslagen sind, wie ich sie gerade beschrieben habe. Sie hat die Lebenssorgen dieser Menschen tagtäglich vor Augen und bringt das in unsere Beratungen ein. Als Präses der EKD-Synode wirkt Barbara Rinke, die Oberbürgermeisterin von Nordhausen, einer Stadt in Thüringen, die das Problem von über 20 Prozent Arbeitslosigkeit kennt. Sie weiß, was es bedeutet, wenn einem 55-Jährigen, der seit über 10 Jahren arbeitslos ist, gesagt wird: Dich definieren wir nun als einen Arbeitssuchenden, dem wir nur noch die Grundsicherung geben. Da braucht sie nicht sagen: Das habe ich schon mal gehört. Das erlebt sie in ihrer täglichen Arbeit. Insofern darf man sich die evangelische Kirche in Deutschland nicht als einen Überbau vorstellen, zu dem erst viele Vermittlungsprozesse erfolgen müssen, bevor man diese Lebensrealität vor Augen hat. Im Gegenteil: Wir haben in unseren Leitungsgremien Menschen, die an dieser Lebenswirklichkeit unmittelbar teilnehmen – und das empfinde ich als eine große Chance der Leitungsverantwortung in der evangelischen Kirche. Darin zeigt sich auch eine Stärke des reformatorischen Kirchentypus. Zu ihm gehört das synodale Prinzip, die Überzeugung vom Priestertum aller Glaubenden. Mit diesem Pfund müssen wir wuchern. Und das tun wir auch.

Der Prediger …

… über Predigt und Gottesdienst – in einer Übersetzungsübung – zur Glaubenskrise als Glaubenschance – zur Kirchentagslosung 2005

Nun ist Kirche nicht nur Anwältin im Sozialen, sondern verkündet das Evangelium. Sie gelten als guter Prediger. Was macht eine gute Predigt für Sie aus?

Beides liegt nicht weit auseinander. Eine gute Predigt bringt den Bezug auf das biblische Wort mit dem Bezug auf die Lebenswirklichkeit der Menschen zusammen. Sie lebt davon, dass jemand den Menschen „aufs Maul schaut" …

… nach Martin Luther …

… ohne ihnen nach dem Mund zu reden, und sie kommt dann ans Ziel, wenn sie Menschen ermutigt wieder aus der Kirche in den Alltag hineingehen lässt.

Klingt einleuchtend, ist aber ein Balanceakt. In den vergangenen Jahrzehnten waren die Prediger auch immer auf der Suche. Es gab die sozial bewegten Predigten der achtziger Jahre, die wurden abgelöst von den psychologisierenden Predigten der neunziger Jahre, oft angehaucht von ein bisschen Esoterischem hier oder Fernöstlichem da. Der Trend zurzeit geht, scheint mir, wieder mehr zurück zur Predigt, die sich auf die biblische Schrift besinnt.

Das sehe ich verbunden damit, dass wir im evangelischen Bereich wieder ein intensiveres und klareres Verhältnis zur Besonderheit des Gottesdienstes entwickeln. Ich bin sehr froh darüber, dass wir die Predigt heute viel stärker als vor drei oder vier Jahrzehnten als einen Teil des liturgisch gestalteten Gottesdienstes sehen und nicht mehr aus der Perspektive einer isolierten Wort-Gottes-Vorstellung betrachten, die den Gottesdienst ganz und gar nur auf die Nadelspitze der Predigt stützte. Das ist eine Veränderung, die auch Rückwirkungen auf die Predigt hat. Denn die Predigt wird nicht mehr so stark unter dem Gesichtspunkt angeschaut, was sie bewirkt, sondern was sie darstellt.

Damit mache ich Gebrauch von einer Unterscheidung, die Friedrich Schleiermacher, der große Berliner Theologe, vor 200 Jahren geprägt hat: die Unterscheidung zwischen „darstellendem Handeln" und „bewirkendem Handeln". Heute würden wir das „bewirkende Handeln" eher „strategisches Handeln" nennen. Der Gottesdienst gehört ganz klar und zwar in seiner Gänze zum darstellenden Handeln, er stellt die Wahrheit Gottes dar und überlässt in gewisser Weise dem Geist Gottes selbst, was diese Wahrheit bewirkt.

In der sozialpolitischen Predigt hatten wir die Predigt zu einer Redeform gemacht, die ganz und gar darauf abzielte, mindestens eine Haltungsänderung der Predigthörer zu bewirken, wenn nicht gar eine politische Intervention mit weit reichenden Folgen. Heute sehen wir ein, dass der christliche Glaube zwar politisch höchst virulent und wichtig bleibt, aber die Predigt selbst keine politische Intervention, sondern eine Darstellung der Wahrheit Gottes ist.

Das klingt nach Performance.

Wenn die Predigt eine gute Performance ist, habe ich dagegen gar keinen Einwand. Es ist eine ganz nahe liegende Einsicht des Theologen Karl Barth gewesen, dass die Predigt auch ein Stück menschlicher Arbeit ist und dass es nicht verkehrt ist, wenn man sich dem Anspruch unterstellt, dieses Stück Arbeit gut zu machen. Das heißt auch, die literarische Qualität einer Predigt zu beachten und sie nicht unter Wert zu gestalten. Das alles finde ich sehr gut und richtig, wenn man dabei das eine nicht vergisst, das ich, seit ich darauf gestoßen bin, fast immer in meinem eigenen Sakristeigebet als Bitte vorkommen lasse: „Nun nimm du gnädig an, was wir für dich vorbereitet haben … "

„Wer den Zeitgeist heiratet", zitiert Sie die „Zeit" 1999 …

… das ist, glaube ich, von Søren Kierkegaard …

… „findet sich bald als Witwer wieder." Steckt auch das hinter der Rückbesinnung auf Wort und Bekenntnis?

Wir bemerken, nicht nur im Gottesdienst, eine Veränderung, die man als Traditionsabbruch bezeichnet hat. Das erleben wir besonders stark hier in Ostdeutschland, wo die Generation der jetzigen Jugendlichen Eltern hat, denen der Glaube nicht mehr vermittelt worden ist in Schule oder Konfirmandenunterricht. Eltern haben sich gescheut, die Kinder in die gemeindliche Jugendarbeit zu geben. Der beklagenswerteste bildungspolitische „Erfolg" von Margot Honecker als verantwortliche DDR-Ministerin für die Schulen besteht darin, in den Köpfen der Menschen, insbesondere im Osten Deutschlands, eine Weltanschauung hinterlassen zu haben, die sagt, dass der Glaube an Gott etwas Vor-Neuzeitliches sei, das sich nicht mit einem aufgeklärten Bewusstsein im wissenschaftlichen Zeitalter vertrage. Und im Westen Deutschlands gibt es unter der Vorherrschaft eines in großer Breite gelebten Materialismus vergleichbare Denkweisen, wie sie die Köpfe derer beherrschen, denen ein solcher Materialismus gelehrt worden ist. In beiden Teilen Deutschlands gilt Glaube irrtümlicherweise vielen noch oder schon wieder als Privatsache, über die man nicht spricht.

Schwierig, in diesem Umfeld zu predigen.

In der Tat, vor allem wenn die Predigt Glaubenswissen voraussetzt. Die sozialpolitisch zugespitzte Predigt beispielsweise beruhte auf der Voraussetzung, dass die Menschen wüssten, was es mit dem christlichen Glauben und seinen Gehalten auf sich habe.

Und wenn wir jetzt nur eine andere Zuspitzung zur Sprache brächten, dann sei allen Hörern und Hörerinnen klar, wie diese Zuspitzung mit der Substanz des Glaubens zusammenklinge, auch wenn das nicht ausdrücklich zur Sprache komme. Wenn man am Himmelfahrtstag mit besonderer Pointe sagte, was sich auf Erden ändern solle, dann könne man das deswegen so unbefangen tun, weil man voraussetzen dürfe, dass das Himmelfahrtsgeschehen und seine Bedeutung und die Frage, was in der Sprache des Glaubens „Himmel" eigentlich bedeute, allen geläufig sei. Das hat schon in den achtziger Jahren nicht gestimmt. Jedenfalls ist es heute ganz bestimmt falsch. Außerdem sind unter Gottesdienstbesuchern diejenigen doch keineswegs die am wenigsten Interessierten, die in den Gottesdienst kommen und auch auf ein Stück solides Glaubenswissen hoffen, weil sie spüren, dass es ihnen fehlt. Der Gottesdienst muss heute viel stärker als früher berücksichtigen, dass Menschen auf eine Begegnung mit dem Heiligen hoffen, dass sie aber zugleich hungrig sind auf ein Stück Glaubenswissen. Dieses Glaubenswissen brauchen sie auch deshalb, damit sie an anderem Ort auskunftsfähiger sind über ihren eigenen Glauben. Das bedeutet, dass der Gottesdienst insgesamt elementarer und die Predigt substanzieller werden muss.

Lehren, erfreuen, ermahnen – den alten theologischen Dreiklang des Predigers aus dem Mittelalter …

... brauchen wir nicht auf die Scholastik zu begrenzen. Mir fehlt allerdings dabei der Gesichtspunkt der Erfahrung von Gemeinschaft im Gottesdienst. Auch das gehört zu den Entwicklungen, die im evangelischen Verständnis heute in besonderer Weise anstehen. Hinter uns liegt eine Zeit, in der wir den christlichen Glauben häufig auf die Einzelperson bezogen haben. Dem entsprach eine Praxis des evangelischen Gottesdienstes, in welcher der Einzelne oft allein im Abstand zu anderen saß und diese Stunde als persönliche Begegnung mit Gottes Wort erfuhr, um dann aus dem Gottesdienst wieder nach Hause, in den eigenen Alltag zu gehen. Heute entwickeln wir wieder ein stärkeres Bewusstsein dafür, dass Christen sich als Gemeinde im Gottesdienst als Gemeinschaft unter Gottes Wort stellen. An seinem Tisch bei Brot und Wein konstituieren und erleben sie sich als Leib Christi.

Das klingt ja nun sehr katholisch.

Was bedeutet „katholisch" in diesem Zusammenhang? Es sind, glaube ich, nicht römisch-katholische Formulierungen, vielmehr sind es Formulierungen aus der gemeinsamen Tradition der Christenheit, die 1 500 Jahre eine ungeteilt gemeinsame ist. Aus evangelischer Perspektive gibt es eine Wiederentdeckung, eine erneute Zuwendung zu einem Akzent, der im evangelischen Bereich zeitweise unterbelichtet war. Übrigens gilt das nicht für die gesamten fünfhundert Jahre seit der Reformation. Der evangelische Gottesdienst hatte nicht immer die Prägung, die wir aus dem 19. und 20. Jahrhundert kennen.

Ich halte es für erfreulich und wichtig, wenn wir uns klarmachen, dass wir zuerst Christen sind, bevor wir evangelisch oder katholisch sind. Wir sind christliche Gemeinde bevor wir die Frage nach der besonderen evangelischen oder katholischen Prägung stellen. Wir leben aus einem großartigen gemeinsamen Erbe und müssen uns von der falschen Vorstellung verabschieden, als hätte es 2000 Jahre eine katholische Tradition und 500 Jahre eine evangelische Tradition gegeben. 1500 Jahre war das eine gemeinsame Geschichte, dann gab es die Auseinandersetzung um den evangeliumsgemäßen Umgang mit Tradition und Lehre. Das hat zur abendländischen Kirchenspaltung geführt. Wenn man die Entwicklung unter diesem Gesichtspunkt anschaut, schießt einem für einen Augenblick die etwas kesse Formulierung des ehemaligen hannoverschen Landesbischofs Horst Hirschler durch den Sinn, nach der die römisch-katholische Kirche die katholische Kirche ist, die nicht durch die Reformation gegangen sei.

Ich komme noch einmal darauf zurück, die gute Predigt bringe biblisches Wort und Lebenswirklichkeit zusammen. Eine Übersetzungsübung. Wie würden Sie heute „Gottes freie Gnade" neu und verständlich sagen?

„Gottes freie Gnade" sage ich relativ häufig, sogar

in der Predigt, weil für mich das neue Aussprechen der biblischen Wahrheit, dieses „neu sagen“, nicht heißt, die großen Grundworte des christlichen Glaubens zu vermeiden.

Zwei Argumente werden für dieses Vermeiden häufig angeführt. Das erste Argument sagt, diese Worte seien so vielfältig missbraucht worden, dass sie deswegen nicht mehr benutzt werden könnten. Dem halte ich entgegen: Wenn alle Wörter, die in unserer Sprache missbraucht worden sind, deswegen nicht mehr verwendet werden dürften, würden wir in die totale Spracharmut verfallen.

Und das zweite Argument sagt, sie seien nicht mehr verständlich, deswegen müssten sie vermieden werden. Zu diesem zweiten Argument mache ich geltend: Soweit sie nicht aus sich selbst heraus verständlich sind, müssen sie erläutert werden, etwa in Geschehenszusammenhänge eingebettet werden, aus denen heraus sie neu verständlich werden.

Das umgesetzt für „Gottes freie Gnade“ bedeutet?

Zur Erläuterung spüre ich immer wieder Situationen auf, in denen Menschen erleben, dass ihr eigenes Leben überhaupt gar nicht Gestalt gewinnen könnte ohne die vollkommen unverdiente Möglichkeit des Neubeginns. Das Verhältnis von Eltern und Kindern steht mir vor Augen, da kennen wir das alle. Im Verhältnis zwischen Eheleuten haben wir es vergessen und meinen zu oft, dass dort, wo von der Möglichkeit des unverdienten Neubeginns Gebrauch gemacht werden soll, dies nur mit einem anderen Partner möglich sein kann.

Im Umgang mit menschlicher Schuld und Strafe wissen wir, dass die Humanität einer Gesellschaft davon abhängt, ob auch derjenige, der schwere Schuld auf sich geladen hat, als eine Person angesehen wird, deren Würde auch dann noch geachtet wird, wenn sie sich selbst würdelos verhalten hat. Wir kennen in unserem persönlichen und gesellschaftlichen Zusammenleben dank der christlichen Tradition viele Erfahrungszusammenhänge, in denen sich etwas von dieser freien Gnade spiegelt.

Solche Geschichten zu erzählen und aus diesen Geschichten heraus ein Verständnis dafür zu wecken, was den Ursprung all dieser Möglichkeiten des Neuanfangs bildet, ist mein Versuch, „Gottes freie Gnade" zu erklären.

Lassen sie uns noch zwei Worte probieren: „Inkarnation" …

Da liegt es am nächsten, Jesus-Geschichten zu erzählen und zu erläutern, wie in diesem Menschen tatsächlich Gott begegnet ist und auch heute begegnet.

… und Dreifaltigkeit?

Über die Erfahrung, dass Gott als der Schöpfer, Gott als der Versöhner und Gott als der Leben spendende und erlösende Geist wirkt, lässt sich noch sprechen. Wenn wir nun darüber hinaus erklären wollen, wie diese drei Seinsweisen Gottes sich immanent, wie wir in der Theologie zu sagen pflegen, zueinander verhalten, kommen wir ins Stottern. Trotzdem ist es spannend und den daran Interessierten kann man auch in nachvollziehbarer Weise erklären, wie diese trinitätstheologischen Überlegungen der alten Kirche in Gang gekommen sind. Sie haben darin eine innere Notwendigkeit, dass das Bekenntnis zu Jesus Christus mit dem Glauben an den „einen" Gott zusammengedacht werden muss. Dabei musste man es im Verstehen so weit treiben, um Irrwege zu vermeiden, die sich als Irrwege im Verständnis der Person Jesu Christi gezeigt hätten. Wenn man das erklärt, ist es möglich, auch Nicht-Theologen mit einer Erzählung darüber zu faszinieren, wie es zur Ausgestaltung der Trinitätslehre gekommen ist. Aber ich würde nicht die Predigt zum Ort einer Entfaltung der Grundfiguren der „immanenten Trinität" machen.

Bleibt die „Auferstehung des Fleisches".

1 Korinther 15 …

… die Auferweckungspredigt des Paulus …

… wieder und wieder den Menschen erzählen. Sie haben eine ganz große Empfänglichkeit dafür, dass die Hoffnung darauf, dass sie „unverweslich" auferstehen werden, nicht die Hoffnung auf eine körperlose Auferstehung ist. Das verstehen die Leute sehr gut. Und sie können auch verstehen, dass Auferstehung mit einer unlöslichen Gottesbeziehung zu tun hat. Es kommt also nicht so sehr auf die Frage an, in welcher Substanz wir uns die Auferstehung denken, sondern dass eine unterbrochene, abgebrochene Beziehung zu dem lebendigen Gott sich doch als unzerstörbar erweist, weil sie von Gott her bewahrt wird, das bekennen wir von Christus als Unterpfand unseres Glaubens, und deswegen können wir auch selber darauf hoffen.

Das waren die Kernbegriffe christlichen Glaubens, über die wir gerade gesprochen haben. Könnten Sie sich ein Gespräch darüber in den Gemeinden vorstellen, oder ist das eher ein Pastoren-Talk?

Es ist mein großer Wunsch, dass es noch viel stärker zum „Pastoren-Talk“, also zum Gespräch der Pastoren untereinander würde, denn das ist nicht genügend der Fall. Sie reden auf der Kanzel sehr viel direkter über solche Kernthemen des Glaubens als im Konvent, wenn sie miteinander zusammen sind. Für unsere Pfarrer hoffe ich, dass sie eine neue Unmittelbarkeit im Umgang mit diesen Kernthemen gewinnen. Sie tun sich damit oft schwer.

Die intensiven theologischen Gespräche finden eher in den Klassenzimmern statt. Ich erlebe das oft, wenn ich in Schulklassen komme. Der Lehrer ist darauf eingestellt, dass die Schüler und Schülerinnen mich fragen werden: „Was macht eigentlich so ein Bischof?“ oder „Stimmt es, dass die Kirche immer weniger Geld hat?“ Aber alle diese vorbereiteten Fragen spielen nach zwei Minuten überhaupt keine Rolle mehr. Denn dann fragen mich die Schülerinnen und Schüler: „Glauben Sie an Gott?“, „Glauben Sie an den Teufel?“, „Gibt es ein Leben nach dem Tod?“ Ähnliches erlebe ich nach Gottesdiensten. Die Leute sagen beim Herausgehen nicht mehr: „Sie haben aber schön laut gepredigt“ oder so etwas, sondern: „Sie haben am Schluss dieser Predigt dem Gleichnis vom verlorenen Sohn eine Wendung gegeben, die habe ich noch nie gehört, darüber werde ich weiter nachdenken.“ Ich erlebe einen Hunger nach Inhalt und Glaubenswissen!

Da kommt der Bischof rein, und die Jugendlichen fragen genau nach diesen Grunddaten des Glaubens, das heißt doch: Da fehlt's am Grund, das ist doch Zeichen der Krise, mal flott formuliert.

Ja, aber flott formuliert muss man sagen, Krise ist ja nicht nur etwas Schlechtes, sondern auch etwas Gutes …

… heißt aber doch auch, dass ihnen was fehlt.

Krise ist der Punkt der Peripetie, des Umschwungs, an dem ein Heilungsprozess in Gang kommen kann. Und wenn Jugendliche so direkt fragen, dann heißt das zunächst einmal, dass sie einen Sinn für diese Sprache und die großen Themen des Glaubens haben. Das Beispiel, das ich gerade verwendet habe, stammte mitten aus Brandenburg. Solche Beispiele sind eine Ermutigung für alle, die bereit sind, Gesprächspartner für die Jugendlichen zu sein. Es gibt immer noch einen Mangel an Gesprächsmöglichkeiten und Gesprächspartnern für solche Fragen. Der Religionsunterricht kann in unserer Region immer noch nicht in der Breite angeboten werden, wie wir uns das wünschen, was nicht an uns als Kirche liegt. Insofern gibt es einen Mangel an Gesprächsmöglichkeiten und Gesprächspartnern über solche Fragen gerade für die junge Generation.

Der Kirchentag in Hannover steht unter dem Schriftwort: „Wenn dein Kind dich morgen fragt …" Das ist der einleitende Satz der Aufforderung im Buch Deuteronomium, dass sich Israel von Generation zu Generation erinnere, wie Gott mit Israel einen Bund geschlossen hat und dass dieser Bund auf der positiven Erfahrung der Befreiung aus Ägypten beruht. Mutig für evangelische Christen, diesen urjüdischen Satz zu nehmen und damit diese urjüdische Erinnerung anklingen zu lassen?

Was Sie die „urjüdische Erinnerung" nennen, ist ein zentrales Element der Überlieferungsgeschichte, aus der der christliche Glaube lebt und von der er sich nur um den Preis seiner eigenen Identität verabschieden kann. Das wissen wir alle, aus der Vorgeschichte und Geschichte der Schoa. Deswegen ist es schon wichtig und positiv, dass als Kirchentagslosung ein Satz gewählt worden ist, der indirekt auch eine Summe zieht aus allen Bemühungen um christlich-jüdisches Gespräch und christlich-jüdische Verständigung, für die gerade der Kirchentag über jetzt weit mehr als drei Jahrzehnte steht.

Genauso faszinierend an dieser Kirchentagslosung finde ich, dass sie eine genaue Bestimmung dessen enthält, was Kirche Jesu Christi ist – nämlich eine Erzählgemeinschaft. Sie bildet einen narrativen Zusammenhang, eine Gemeinschaft, in der über die Generationen hinweg Glaubenserfahrung weitergegeben und miteinander geteilt wird. Wenn ich mich frage, warum ich und viele andere so viel Lebenskraft einsetzen, diese Institution Kirche weiterzubringen, dann heißt meine schlichte Antwort: um dieser Aufgabe willen. Diese Kirche als Institution ist eine Verantwortungsgemeinschaft zur Weitergabe des Evangeliums. Das wird in dieser Kirchentagslosung thematisiert.

Und schließlich: Wenn das Wort „Kind" – im Alten Testament steht an dieser Stelle „Sohn" – auftaucht, dann ist dieses Wort in sich selbst ein Zukunftssignal. Wer vom Kind spricht, spricht davon, dass das Leben auf dieser Erde und in dieser Gesellschaft Zukunft haben soll. So sehr die Kirche eine Erzähl- und eine Interpretationsgemeinschaft ist, so sehr ist sie eine Hoffnungsgemeinschaft. Ich finde es großartig, dass diese drei Aspekte in einem so einfachen und auch so schlichten biblischen Satz anklingen.

Wenn dein Kind dich morgen fragt ... was würden Sie ihm sagen? Ihre Kinder sind nun schon älter, aber trotzdem – was ist die Botschaft des Evangeliums, die Sie dem Kind, den Jugendlichen heute sagen können?

In einem jungen Menschen Vertrauen zu wecken und ihn dahin zu führen, dass dieses Vertrauen einen tieferen Grund, einen verlässlicheren Halt hat als das Vertrauen, das mich selbst mit diesem Kind verbindet: das ist ein Lebenshalt von großer Bedeutung. Es gibt diesen tieferen Lebenshalt: das Vertrauen auf Gott.

Auf dieser Grundlage beruht eine Lebensform, die sich bewährt und die viel Verheißung in sich trägt. Für diese Lebensform steht das Wort: Liebe. In einem Kind Liebe so zu wecken, dass es diese Liebe erfährt und sie auch mit anderen teilen kann, ist mehr als man „sagen" kann. Darüber kann man allerdings viel erzählen.

Mit Kindern zusammen möchte ich eine Lebenshaltung einüben, die von Hoffnung bestimmt ist, die an Enttäuschungen nicht zerbricht, die vor Versagen nicht kapituliert.

Glaube, Liebe und Hoffnung sind es also, die ich der nächsten Generation weitergeben will. Für diese Lebensform hält die biblische Botschaft des Alten und des Neuen Testaments – wie auch die Geschichte der Christenheit – viele ermutigende Beispiele bereit.

Margot Käßmann

Im Gespräch

Obwohl man zumindest in Hannover den Eindruck hat, es vergehe kein Tag, ohne etwas von der Landesbischöfin zu lesen, zu hören oder zu sehen, ist Margot Käßmann vorsichtiger geworden mit den Medien und ihren Machern. Es fällt ihr leicht, zu formulieren, sie spricht verständlich, bildlich, prägnant und scheut, das lieben die Journalisten an ihr, auch das offen-kritische Wort nicht. Aber manchmal denkt sie mit der Zunge, und das wirkt politisch nicht immer klug, meint sie und merkt dann schon mal an, dass sie „gerechtfertigt aus Gnade" als „furchtbar vertüddelten Begriff" doch so nicht stehen lassen wolle. Sie verliert trotzdem nichts an Klarheit und Engagement.

Die Theologin war nach ihrer Zeit als Vikarin, Pastorin, Studienleiterin, Generalsekretärin des Kirchentages, eines der profilierten protestantischen Gesichter im ökumenischen Prozess für Gerechtigkeit, Frieden und Bewahrung der Schöpfung und hat über Jahrzehnte im Ökumenischen Rat der Kirchen mitgearbeitet. Mit beachtlichem innerkirchlichem Wirbel ist sie im September 2002 als Delegierte des Zentralausschusses des ÖRK zurückgetreten. Zuvor hatte eine Sonderkommission ein mit Satzungsänderungen verbundenes Verfahren eingeleitet, das im ÖRK Mitgliedskirchen erster und zweiter Klasse unterschied und gemeinsame Gottesdienste kaum mehr ermöglichte, die eucharistische Gastfreundschaft wurde gar unmöglich gemacht.

Als ich Margot Käßmann 1989 das erste Mal in Basel auf der europäischen ökumenischen Versammlung für Gerechtigkeit, Frieden und Bewahrung der Schöpfung interviewte, war sie eine der deutschen Hoffnungsträgerinnen gerade für ein ökumenisches Christentum „quer durch alle Konfessionen“. Fünfzehn Jahre später ist sie entschieden „evangelischer“ geworden, was nicht nur an ihrem Amt als Landesbischöfin (seit 1999) in Hannover liegt, sondern auch an der veränderten ökumenischen Großwetterlage, der innerkirchlichen Stagnation unter Johannes Paul II. in der katholischen Kirche und der national-konservativen Verhärtung in weiten Teilen der Orthodoxie.

Die engagierte und streitfähige 46-Jährige ist, nolens volens, als erste Bischöfin der größten deutschen Landeskirche kirchliche Landesmutter geworden. Im besten Sinne, weder zu harmonieorientiert noch bevormundend – eher Mutter erwachsener Kinder, und das ein wenig norddeutsch-spröde – und demütig, wie sie am Ende der Gespräche sagt, mit Rückblick auf die Versammlungen in Basel, Seoul oder wo auch immer weltweit im Rahmen des ÖRK. Die hohen Forderungen nach gemeinsamer Solidarität, die sie damals erhoben hat, sieht sie in der Landeskirche von vielen Engagierten in kleiner Münze bei Obdachlosenzeitungsprojekten, bei Gefängnisseelsorgern, bei den Eine-Welt-Läden eingelöst. Mühsamer und alltäglicher eingelöst als eingeklagt in fordernder Rede vor der ökumenischen Öffentlichkeit. Diese Kirchenmitglieder stützt sie durch Predigt und manches klare Wort in der Öffentlichkeit.

W.K.

Die Landesbischöfin ...

... zu den Chancen im Bischofsamt – über Frauen im geistlichen Amt – zum neuen Pfarrer-Image – zur geistlichen Erneuerung der Kirche

Wilfried Köpke: Frau Bischöfin, gut fünf Jahre sind Sie Bischöfin der hannoverschen Landeskirche, davor waren Sie Generalsekretärin des Kirchentages, ihr „Traumjob", wie sie auch nach Ihrer Wahl zur Landesbischöfin gesagt haben. Kam in den Vorbereitungen des Kirchentages in Hannover ein bisschen Wehmut auf?

Margot Käßmann: Als ich im vergangenen Sommer bei einer Präsidiumssitzung des Deutschen Evangelischen Kirchentages in Fulda als gastgebende Bischöfin des Kirchentages 2005 war, habe ich zum ersten Mal bewusst gedacht, dass ich jetzt doch lieber Bischöfin als Generalsekretärin bin. Aber das hat tatsächlich lange gedauert. Als Generalsekretärin des Kirchentages war ich doch viel freier, während ich als Bischöfin von vornherein in einen ganz hohen Pflichtenkatalog eingebunden bin und stärker unter öffentlicher Beobachtung stehe.

Weshalb sind Sie dann trotzdem lieber Bischöfin?

Als Bischöfin habe ich einen großen Gestaltungsspielraum innerhalb der Kirche. Das vielleicht Schönste am Bischofsamt ist, dass ich fast jeden Sonntag in einer anderen Gemeinde zum Festgottesdienst erwartet werde. Vor Ort erfahre ich eine große, warmherzige Aufmerksamkeit der Menschen. Das erlebt eine Generalsekretärin nicht so. Sie ist mehr und natürlich ganz stark die im Hintergrund Agierende, und das habe ich mit Liebe zur Sache gemacht. Aber wenn ich mich dann an den vergangenen Sonntag erinnere: Ich habe zwei Gemeinden an der Elbe besucht und bin mit drei Blumensträußen und einem großen Apfelkorb zurückgekommen. Mir wurde ganz viel an Liebe – vielleicht ist das ein zu großes Wort, aber doch Zuneigung entgegengebracht, nach dem Motto: „Wir sind froh und glücklich, dass Sie unsere Bischöfin sind." Das tut gut und gibt mir auch die nötige Kraft, die Konflikte durchzustehen und das täglich zu absolvierende Pensum.

Blumensträuße, Apfelkorb: Sind das die Verbeugungen vor der Frau? Sind Sie als die Bischöfin auch die Mutter der Landeskirche in der Wahrnehmung der Leute?

Mutter der Landeskirche, tatsächlich hat es davon so manches. Ich finde der Begriff klingt eher lustig und bin doch überrascht, dass viele sich danach sehnen, in mir jemanden zu haben, mit dem sie sich positiv identifizieren können, gerade in einer Zeit, in der die Kirche angegriffen und in Frage gestellt wird. Mir sagte neulich jemand: „Wenn ich in der S-Bahn sitze und jemand spricht mich auf meine Landesbischöfin positiv an, dann tut mir das rundum gut und ich habe wieder Mut, zu meiner Kirche zu stehen."

Das sind Kleinigkeiten, aber die habe ich vorher unterschätzt. Gleichzeitig müssen wir alle, muss auch ich für die Fehler der Kirche geradestehen: die Kreuzzüge, die Schoa, den Kolonialismus. Eduard Lohse …

… Ihr Vorvorgänger als Landesbischof von 1971 bis 1988 …

… hat mir in einem Gespräch gesagt, die öffentliche Wahrnehmung des Bischofs, der Bischöfin, habe sich in den vergangenen 20 Jahren, auch durch die Mediengesellschaft, verändert. Bei ihm habe das Amt die Person getragen, heute, so Lohse, scheine es so zu sein, dass die Person das Amt prägen müsse. Das ist eine bemerkenswerte Beobachtung.

Mutter der Landeskirche ist die eine Facette Ihres Amtes. Auf der anderen Seite sind Sie auch Chefin, stehen auch für die theologischen Grenzziehungen gegenüber Gemeinden, Pastorinnen und Pastoren. Irritiert diese Doppelrolle die Leute?

Im Bereich des Disziplinarrechts, des Pfarrer-Disziplinarrechts, haben wir in Hannover eine gute Aufgabenteilung. Das Landeskirchenamt nimmt mir viele dieser Fragen ab und führt sie zu einer Kolleg-Entscheidung auf disziplinarrechtlicher Grundlage. Viele Prozesse versuche ich ausgleichend mitzugestalten. Wenn auf das Landeskirchenamt geschimpft wird, werde ich das Landeskirchenamt vertreten.

Wenn auf die Dorfpastoren geschimpft wird, werde ich für die Dorfpastoren eintreten. Das Plädoyer für die abwesende Meinung hat die Bischöfin einzubringen. Ich erlebe, dass gerade in Zeiten stark zurückgehender finanzieller Mittel jeder allzu leicht nur das Eigene preist. Zum Beispiel wird das hohe Lied der Ortsgemeinde gesungen, und ich muss dann daran erinnern, dass die Ortsgemeinde auch mobil ist und wir an die Touristenseelsorge denken müssen. Oder an diejenigen, die im Jugendknast in Hameln sitzen und auch einen Pastor brauchen. Zu helfen, über den eigenen Tellerrand hinauszuschauen, auch dazu ist die Bischöfin da.

Und in theologischen Streitfragen?

Da gibt es einerseits Enttäuschungen, weil alle die Bischöfin gerne einhundertprozentig für ihre je eigene Meinung vereinnahmen wollen. Und wenn die Bischöfin dann anderer Meinung ist und das auch klar sagt, gibt es Verärgerung. Aber andererseits wird auf die Amtsautorität auch gewartet. In bestimmten Streitigkeiten muss eben entschieden werden. Ich finde im Protestantismus gut, dass es eine Wahrheit auch neben dem Bischofsamt gibt, jeder aufstehen und aus theologischer Überzeugung sagen kann: „Ich stehe hier, ich kann nicht anders, Gott helfe mir." Diese Streitkultur befürworte ich. Aber in meinen bisherigen Ämtern, bereits als Vikarin, habe ich auch gelernt, dass ich mich in Konflikten positionieren muss. Ich mache mir solche Entscheidungen nicht leicht, aber wenn ich im Diskurs und Gespräch mit anderen zur Erkenntnis komme, was der richtige Weg ist und der verantwortbare, dann werde ich das klar sagen und möglichst auch durchsetzen. Das muss möglich sein. Und ich kann nicht immerzu alle sanft anfassen in einer 3,2-Millionen-Gläubigen-Kirche und sagen, alles ist gleich gültig, sondern es geht um ein klares Profil für die Zukunft, das wir verantworten müssen vor Bibel und Bekenntnis und aus Verantwortung in dieser Zeit. Aber wenn eine Position gut begründet wird, hatte ich bis jetzt den Eindruck, dass es zu keinen ganz großen Konflikten führt.

Bei manchen Themen, zum Beispiel dem der Traugottesdienste für Homosexuelle, wirkt es dann aber wie ein lascher Kompromiss.

Bei einem sensiblen Thema wie Homosexualität bemühe ich mich im Bischofsamt schon sehr, den Diskurs und Dialog zu suchen, damit möglichst in der Landeskirche nicht versucht wird, mit dem Vorschlaghammer in Glaubensfragen ausgrenzende Entscheidungen zu treffen. Ich habe ein gutes Gefühl bei der Grundentscheidung, dass in der Landeskirche Fürbitt-Andachten …

… statt Traugottesdiensten oder Segnungsgottesdiensten …

... möglich sind. Wir haben das Wort „Segen“ nicht zum Kampffeld gemacht. Die Gottesdienste werden durchgeführt, wo es gewünscht ist, wenn der Ortspastor, die Ortspastorin gemeinsam mit dem Kirchenvorstand einverstanden sind. Es gibt andere Gemeinden, die sagen: Bei uns ist es nicht möglich. Da ist Hannover auch eine Landeskirche, in der versucht wird, nicht die ganz großen Glaubenskriege an solchen Punkten zu führen.

Ein anderes Thema: die Gentechnologie. Da habe ich eine eigene, ablehnende Meinung, und ich war sehr froh, dafür eine Synoden-Mehrheit als Rückendeckung bekommen zu haben. Aber es gibt natürlich auch in unserer Landeskirche andere Grundüberzeugungen.

Zumal die Landeskirche noch sehr bäuerlich geprägt ist.

Sicherlich ist die Landwirtschaft sehr prägend. Und wir haben im Bereich unserer Landeskirche mit der „KWS Saat AG“ eine große Pflanzenzucht-Firma, die auch gentechnisch verändertes Saatgut produziert. Zugleich ist es ein Unternehmen, das sich auch als Familienbetrieb in evangelisch verstandener Verantwortung bewährt hat. Dort sind die Beteiligten natürlich anderer Meinung als ich. Das sind doch spannende Debatten. Und ich würde nie von vornherein behaupten, dass die anderen nur Unrecht hätten.

Was sind Ihre Entscheidungsgrundlagen in solchen Debatten?

Zum einen denke ich: nie zu schnell reden. Das habe ich beim Kirchentag gelernt: Prinzip Wiedervorlage. Lieber noch einmal nachdenken, die andere Meinung genau verstehen und hören. Was ist das andere Argument? Ist mein Argument wirklich stärker als das Gegenargument? Wenn ich das gegeneinander abgewogen habe, dann frage ich nach Bibel und Bekenntnis und auch danach, was die ethischen Konsequenzen heute sind. Bei diesem Vorgehen hat sich bewährt, dass ich am Ende des Entscheidungsprozesses klar zu meiner Position stehen kann, sie auch verteidigen kann gegen andere Positionen, die ich durchaus höre. Ich versuche deutlich zu machen, dass es möglich sein kann, die andere Argumentation zu verantworten, aber ich persönlich nur meine verantworten kann. Viele – das erlebe ich dann doch – warten auch auf eine entschiedene Position. Es kann nicht immer alles gleich gültig sein, sondern wir müssen da auch ringen um Entscheidungen. Und es wäre Unsinn, da das Bischofsamt herauszunehmen.

Dass Sie das Bischofsamt als Frau wahrnehmen, spielt, scheint mir, in Auseinandersetzungen keine Rolle.

Das sehe ich auch so. Für die 23 evangelischen Landeskirchen kann ich sagen, dass die Frauen jedes, auch jedes geistliche Amt wahrnehmen können. Wir sehen natürlich, dass auf der Leitungsebene Frauen immer noch in der Minderzahl sind. Ein gesamtgesellschaftliches Phänomen! Das berühmte Dilemma zwischen Berufstätigkeit und Familie besteht auch in unserem Beruf für Frauen. Wir haben ein Viertel Pastorinnen in unserer Landeskirche. Von denen sind sehr viele in Teilzeitbeschäftigungen, weil sie die Familien- und Erziehungsarbeit mit wahrnehmen.

Hat sich das Pfarramt verändert durch die Frauen?

Ja. Meines Erachtens gab es drei Phasen von „Frauen im Amt“. Die erste in den 60er Jahren, in der Frauen versucht haben, wie die Männer zu sein und zu zeigen, dass sie es genauso gut oder sogar noch besser können.

In der zweiten Phase, den 80er Jahren, haben Frauen stark versucht, das Weibliche im Amt herauszuarbeiten. Das war die ganz große Zeit der feministischen Theologie.

Heute, in der dritten Phase, ist es so, dass deutlich wird, wie sehr die Person mit ihren Stärken, Schwächen, mit ihrer Persönlichkeit das Amt prägt. Es gibt offensichtlich schon einen weiblichen Führungsstil, der sich von einem männlichen unterscheidet. Das erleben wir ja auch in der Wirtschaft, dass Frauen netzförmiger leiten, das heißt, sie handeln nie als eine isolierte Person. Ich merke an meiner eigenen Amtsführung, wie es mir Spaß macht,

Sachen mit anderen auszukundschaften und dann auch durchzusetzen und durchzuführen. Allerdings hat mir neulich bei der Deutschen Bank ein Manager gesagt: Frauen netzwerken mit denen, die ihnen sympathisch sind, Männer netzwerken mit denen, die ihnen nützlich sind. Das hat mich sehr nachdenklich gemacht, denn ich glaube, da ist etwas dran. Bei Frauen läuft sehr viel auf der Beziehungsebene: Kann ich mit ihr? Kann ich mit ihm? Und das vernetzt sich. Es sind weniger die Nützlichkeitserwägungen. Männer denken da strategischer auf der strukturellen Ebene. Obwohl: Meine Wahrnehmung ist, dass Frauen durch die Beziehungsebene ganz starke Projekte durchbringen können.

Ändert sich mit den Pastorinnen in den Gemeinden das Pfarrer-Image?

Das Pfarrerbild ändert sich, ohne dass ich die Differenz zu groß machen will. Es gibt auch Männer, die stärker weibliche Züge haben und Frauen, die stärker männliche Züge haben. Wenn ich junge Kolleginnen beobachte, sind das nicht mehr die unanzweifelbaren Autoritäten, die oben von der Kanzel sagen, was und wie alles richtig ist. Sie versuchen vielmehr, als Hauptamtliche gemeinsam mit Ehrenamtlichen als Gemeinde einen Weg zu finden, dabei die Gemeinde zu prägen, das Profil der Gemeinde zu erstellen, die Regionalisierung zu stärken. Zusammenarbeit und Kooperation sind ihnen wichtig. Und auch in der Seelsorge ist nicht nur das Erklärende gefragt, sondern das Mitgehende, Mitfühlende, Mitleidende im besten Sinne. Das ist schon anders als das Pfarrerbild vor 50 Jahren, als der Pfarrer die Autorität für Glauben an sich war. Klar sagen will ich aber auch, dass Frauen nicht die besseren Menschen sind. Und auch nicht gleich die Besseren im Amt. Aber anders. Und ich finde, dass alle Fülle in diesen Ämtern, die wir haben, wirklich nur zum Tragen kommt, wenn beide, Männer und Frauen sie ausüben.

Verliert das Amt da nicht an Autorität?

Das höre ich immer wieder, dass das Amt gar nicht mehr attraktiv sei, so etwa wie: Wenn die Königshäuser werden, wie die bürgerlichen Normalfamilien, dann könne man die Königshäuser doch gleich abschaffen.

Die Pastorin, der Pastor stehen im evangelischen Amtsverständnis aber nicht in einem Weihestatus über der Gemeinde, sondern sind eigentlich von der Gemeinde delegiert, Theologie so zu studieren, dass sie die rechte Wortverkündigung und die Sakramentsverwaltung verantworten können.

Alle stehen unter dem Wort, alle stehen unter dem Bekenntnis. In der Verfassung der hannoverschen Landeskirche steht ausdrücklich, dass auch die Ehrenamtlichen teilhaben am Leitungsamt. Das liest sich besonders verführerisch in Zeiten leerer Kirchenkassen.

Auch dadurch wird sich das Amt verändern. Das Amt muss sich meines Erachtens konzentrieren auf exakt drei Punkte:

Das eine ist die Verkündigung. Das kann im Sonntagsgottesdienst sein, aber Verkündigung ist für mich nicht allein darauf beschränkt. Es geht um Rede von Gott, um Theologie, darum, sprachfähig zu werden, über Gott zu reden in der Welt.

Das zweite ist die Seelsorge, Menschen begleiten. Das erwarten die Menschen, dass wir bei Geburt, Trauung, Sterbefall, Krise als Kirche da sind. Das müssen Pastorinnen und Pastoren am stärksten leisten.

Das dritte: Nicht Manager sein in Sachfragen, sondern managen im besten Sinne als Ermutigerinnen oder Ermutiger. Pastorinnen und Pastoren werden lernen müssen, mehr zu delegieren. Sie müssen nicht Vorsitzende des Bauausschusses, des Finanzausschusses sein, sie müssen auch nicht unbedingt den Frauenkreis leiten, sondern andere ermutigen, das zu tun. Die Pastorinnen und Pastoren sollen sich konzentrieren auf Verkündigung und Seelsorge und Vernetzung und Stärkung der Ehrenamtlichen am Ort.

Führt das nicht zu einer Klerikalisierung des Amtes?

Ich erlebe zu viele erschöpfte Pastorinnen und Pastoren, die versuchen, alles zu machen: die Jugendarbeit, die Frauenarbeit, die Männerarbeit, die Chorarbeit, die Kinderarbeit … Und das erschöpft unendlich, weil sie unzufrieden werden und von allem nur ein bisschen machen. Am zufriedensten erlebe ich Pastorinnen und Pastoren, die einen eigenen Schwerpunkt gesucht haben, die sich konzentrieren, kooperieren und delegieren. Das muss auch gelernt werden. Ich glaube, dass so keine Klerikalisierung erzeugt wird, sondern eine Ermutigung, dass das Amt der Verkündigung eines ist, an dem alle teilhaben.

Was heißt das für die Ausbildung der Vikarinnen und Vikare?

Ihre Sprachfähigkeit muss gestärkt werden! Viele Menschen in unserem Land haben religiöse Sehnsucht und Fragen, sind aber überzeugt, in der Kirche statt Antworten nur Formeln zu finden. Das reicht vielen nicht, und dann ist vielleicht das neue Lied von Xavier Naidoo existenzieller in den Formulierungen und tiefer in den Fragen, als eine kirchliche Predigt. Zu freier Rede von Gott in der Sprache von heute, dazu möchte ich junge Leute ermutigen. Aber ich erlebe viele Vikarinnen und Vikare, die Angst haben, es müsse doch richtige Theologie sein. Ich denke, Theologie ist dann „richtig", wenn sie das, was wir wissen und glauben, in eine lebendige Sprache umsetzt.

Zusätzlich müssen wir in der Ausbildung Personalführung und Personalentwicklung stärken. Da können wir von der Wirtschaft einiges lernen. Unsere Pastorinnen und Pastoren haben zwölf Semester und mehr Theologie studiert, dann sind sie plötzlich

Dienstvorgesetzte von drei Erzieherinnen im Kindergarten. Was bedeuten denn da Krisen-Management, Interventions-Gespräche? Das kennen doch viele gar nicht. Kommt dann ein Konflikt, werden manche unsicher, weil sie doch eigentlich nett sein wollen. Handwerkszeug fürs Managen, das brauchen wir dringend in den Gemeinden.

Vor gut zwei Jahren haben wir Personalentwicklungsgespräche in der Landeskirche eingeführt. Es tut einer Pastorin, einem Pastor gut, einmal im Jahr mit dem Dienstvorgesetzten zu klären: Wo stehe ich? Was will ich nächstes Jahr eigentlich erreichen? Wo brauche ich vielleicht Fortbildung? Bis jetzt lief das häufig im Pfarramt nach dem Schema: Es kommt Advent, dann Weihnachten, Ostern, Pfingsten, Konfirmation und dann fangen wir mit Erntedank wieder das nächste Jahr an in den Blick zu nehmen. Das geht so nicht mehr.

Das Ende der geistlichen Kirchspielfürsten.

Das ist ein schwieriger Prozess. Bisher galt bei Pastoren häufig: Hier ist meine Grenze, und wehe einer überschreitet sie. Das zu überwinden müssen manche Pastorinnen und Pastoren erst noch lernen, ihr Blick muss weiter schweifen. Ich sehe gelingende Modelle, wo drei junge Pastoren beispielsweise über ihre Gemeindegrenzen hinweg zusammenarbeiten. Die machen großartige Konfirmanden-Projekte, zum Beispiel eine gemeinsame Freizeit aller drei Konfirmanden-Gruppen, dann können die Konfirmanden vor Ort ihr Angebot wählen. Das entlastet die Pastoren und führt die Gemeinden zusammen. So entsteht aus zurückgehenden Mitteln neues Potenzial. Es muss eine neue Beweglichkeit her.

Eine geistliche Erneuerung ausgelöst durch leere Kassen?

Ich bin in den fünf Jahren als Bischöfin noch überzeugter geworden, dass Menschen um ihre Kirche zu erneuern, um eine Liebe zu ihrer Kirche zu entwickeln, zuallererst wissen müssen, was sie glauben. Auch bin ich erstaunt nach fünf Jahren, wie viel Substanz an Glauben verloren gegangen ist. Nur ein Beispiel: Ein ungefähr 11-jähriger Junge, ich sehe ihn noch vor mir, fragt, was denn die Pluszeichen auf den Kirchen eigentlich bedeuten. Ein ganz pfiffiges Kerlchen, aber ... Kreuz, Jesus – Null! Da war „point zero“, muss ich wirklich sagen. Aber ich habe erlebt, dass er sehr viele ernsthafte Fragen hatte.

Ich glaube, dass wir viel Energie in elementare Unterweisung stecken müssen. Wir sollten intensiver über den Glauben selbst sprechen: Was bedeutet mir der Glaube? Wo zweifle auch ich? Was kann ich glauben? Wo muss ich sagen: Das kann ich nicht glauben? Es gilt, zuallererst den Glauben zu erneuern.

Heißt das Erneuerung von innen und Wiederentdecken der protestantischen Wurzeln?

Kirche ist immer da glaubwürdig, wo der einzelne Christ, die einzelne Christin sagt: Das ist meine Grundüberzeugung, in Freiheit und Verantwortung und selbst reflektiert stehe ich hier und sage, das ist mein Glaube! Diese authentische Position gilt nicht nur für die, die geistliche Ämter innehaben, sondern letzten Endes für jeden Christen, jede Christin im Alltag der Welt. Luther hat gesagt, es komme auch auf die Besen schwingende Magd an. Das ist für mich ein schönes Bild. Also auch der Mutter am Kochtopf oder dem Vater und dem Mann, der an der Maschinenbank steht, und der Geschäftsfrau, ihnen allen stellt sich die Frage: Kann ich zu meinem Glauben stehen? Bedeutet der mir etwas im Alltag? Und meine weiterführende Frage wäre: Stehen wir zu unserem eigenen religiösen Profil?

Niemand muss glauben, was die Bischöfin sagt, aber alle können wagen, selbst in der Bibel zu lesen, eine eigene Position in Verantwortung vor Gott und den Menschen zu entwickeln. Das ist ein lutherisches Proprium.

Das klingt mehr nach Methode als nach Inhalt.

Wenn wir von der Kirche als Gemeinschaft der Heiligen sprechen, dann sind die Heiligen die, die sich Gott ganz und gar anvertrauen. Kann ich das? Kann ich mich Gott anvertrauen und sagen: Jesus Christus ist für mich der Weg, die Wahrheit und das Leben? Kann ich sagen: Ich kann Gott nur verstehen über Jesus Christus, der die Menschen mit diesen Augen der Liebe Gottes angesehen hat und von dem ich glaube, dass er tatsächlich lebendig ist über den Tod hinaus?

Das ist für mich eine Glaubenshaltung, die mich trägt, über die allein ich auch nur Leid begreifen kann. Gott selber musste sich in das Leiden hineinbegeben, und Gott selber hat das Leiden nicht einfach besiegen können, sondern das Leiden ist Teil der Existenz der Schöpfung. Aber ich kann mich anvertrauen. Da bin ich mir ganz sicher. Und ich habe damit auch in meinem Leben gute Glaubenserfahrungen machen können. Ich konnte auch immer meine Kinder Gott anvertrauen und empfand das als Lebenstrost, dass ich nicht alles machen muss. Es kann sein, dass ich morgen schwer an Krebs erkranke oder einen tödlichen Autounfall habe. Es ist möglich, aber ich kann das auch in Gottes Hand lassen. Das gibt mir eigentlich im Leben auch eine große Lebenslust. Mein Leben ist gefährdet, es ist verletzlich. Aber es ist ein Leben aus Gottes Hand und in Gottes Hand, das viel weiter sein wird, als das, was ich selbst an Leben erkenne und sehe.

Für mich ist der Glaube wirklich eine Kraft, die mir eine Lebenshaltung von Freiheit gibt. Ich bin überzeugt, die Christen und Christinnen würden mehr Freiheit ausstrahlen, mehr Liebe zum Leben, wenn sie sich stärker aufgehoben wüssten. Der Protestantismus ist manchmal schon arg vergrämt. Wenn auch Verantwortung zum Protestantismus immer dazugehört, so kommt sie doch aus einer Freiheitshaltung heraus!

Als ökumenische Christin ...

... zur Krise und Chance der Ökumene – über die Verweigerung der Orthodoxie – und die katholischen Bischofskollegen

Sie haben sich vor Ihrer Zeit als Generalsekretärin des Kirchentages vor allem im weltweiten ökumenischen Dialog profiliert. Bei der Europäischen Ökumenischen Versammlung für Frieden in Gerechtigkeit in Basel haben Sie von Ihrer Hoffnung in eine Konfession engagierter Christen quer durch alle Konfessionen gesprochen. Haben Sie diese Hoffnung noch?

Es gibt diese „Konfession quer durch alle Konfessionen“ weltweit. Uns Christinnen und Christen verbindet mehr, als uns trennt. Ich fühle mich dem Christenmenschen einer anderen Konfession immer noch wesentlich näher als einem Atheisten. Aber ich stelle mit Blick auf die kirchlichen Lehrinstanzen bei mir auch eine Desillusionierung fest. Lange habe ich die Position vertreten, dass eigenes Profil und Ökumene nicht im Gegensatz zueinander stehen müssen. Heute vertrete ich noch entschiedener als vor gut 15 Jahren die Meinung, dass der Protestantismus nicht immer demütig bitten muss, von der Orthodoxie und dem römischen Katholizismus als Kirche anerkannt zu werden, sondern er selbstbewusst sagen kann: Wir sind Kirche.

Wir müssen diese Anerkennung anderen nicht abringen, sondern können das mit Selbstbewusstsein sagen. Ich finde schon, dass mit „Dominus Jesus“ …

… der Erklärung der römischen Glaubenskongregation im August 2000 zum Anspruch, dass nur die römisch-katholische Kirche wahre Kirche Christi sei …

… und ähnlich gehalten die Verlautbarung der Moskauer Bischofssynode aus dem gleichen Jahr und auch mit der Instruktion aus Rom zu Liturgie und Abendmahl ganz klare Abgrenzungen uns gegenüber erneuert wurden, in dem Sinn, dass wir nicht Kirche seien. Deshalb sage ich ganz klar: Um diese Anerkennung als Kirche durch die Orthodoxie oder den römischen Katholizismus bettele ich nicht. Wir sind selbstbewusst Kirche. Ich fühle mich aber – das wäre dann die „Querkonfession“ – vielen doch sehr nahe, gerade auch Katholiken in Deutschland. Diese inhaltliche Verbundenheit vieler in den entscheidenden Positionen christlichen Glaubens hat sich beim ökumenischen Kirchentag 2003 in Berlin sehr deutlich gezeigt.

20 Jahre haben Sie in der und für die Ökumene gearbeitet. Schmerzt Sie dieses ernüchternde Resümee, waren das vertane Jahre Ihres Engagements?

Nein, nein, nein. Das war für mich überhaupt keine vertane Zeit.

Aber …

Kein „aber". Ich engagiere mich weiter, im Rat der EKD ist Ökumene mein Schwerpunkt, für den Rat bin ich in den Zentralausschuss der Konferenzen Europäischer Kirchen gegangen. Ich habe 20 Jahre viel, wirklich viel Kraft im Ökumenischen Rat der Kirchen gelassen. Das war keine vertane Zeit. Daran bin ich persönlich gewachsen. Das war aber nicht das Einzige. Sondern entscheidend war, dass wir mit dem „konziliaren Prozess für Gerechtigkeit, Frieden und Bewahrung der Schöpfung" eine ganz hohe Form von Vernetzung der in diesen Lebensfeldern tätigen Gruppen erreicht haben, die auch weiterhin trägt. Die ökumenische Dekade „Gewalt überwinden" beispielsweise konnte umgesetzt werden, und vieles ist gerade mit Blick auf Frauen doch erreicht worden, auch wenn die römisch-katholische Kirche und die orthodoxen Kirchen in Fragen der Stellung der Frau in der Kirche, der Frauenordination, eher zurück als nach vorn rudern.

Sie haben ja Ihr Engagement im Zentralausschuss des Ökumenischen Rates der Kirchen im Herbst 2002 spektakulär beendet, mit Hinweis auf die Querschläge und Nichtanerkennung der evangelischen Kirchen durch die Orthodoxie bis in die Gottesdienste hinein.

Dazu stehe ich. Ich werde mich trotzdem für den ÖRK weiter engagieren und wahrscheinlich auch zur nächsten Vollversammlung fahren. Aber ich bleibe weiterhin dabei, dass der Ökumenische Rat im Moment eine Chance vertut. Das ist meine Grundüberzeugung. Wir leben in einer so stark auf Weltebene agierenden Zeit, in der Globalisierung – ob wir das gut finden oder nicht –, dass wir gerade jetzt eine deutlich hörbare Stimme der Christen auf Weltebene brauchen.

Die Stimme gibt es ja. Denken Sie an den Irak-Krieg, da war die weltweit ausgestrahlte und wahrgenommene christliche Gegenstimme gegen den US-amerikanischen Angriffskrieg die des Papstes.

Und das finde ich ärgerlich. Und mich ärgert noch mehr, dass der Ökumenische Rat der Kirchen nicht bereit ist, diese Stimme zu sein und diese Rolle zu übernehmen. Da kann er halt nicht erst alle 342 Mitgliedskirchen befragen. Der ÖRK könne sich nicht für die Kirchen äußern, höre ich dann sagen. Aber was heißt das denn? Ich habe auch mit Konrad Raiser …

… Ihrem Doktorvater und dem Generalsekretär des ÖRK von 1992 bis 2003 …

… heftig darüber diskutiert. Der Generalsekretär kann diese Stimme sein, er kann aber nicht auf alle Rücksicht nehmen. Und dasselbe wird jetzt von Sam Kobia …

… dem ÖRK-Generalsekretär seit August 2003 …

… erwartet. Aber er wird allzu leicht ausgebremst durch eine Institution, die sich selbst unbeweglich macht durch interne theologische Debatten.

Und durch ÖRK-Mitgliedskirchen, die diese Rolle einer weltweit zu hörenden, alle vertretenden Stimme der christlichen Kirchen in der Tendenz nicht wollen.

Ich halte diese Tendenz für falsch. Für ganz falsch. Das muss ich ganz klar sagen. Grundsätzlich wollen wir untereinander und miteinander Kirche sein. Ein Thema ist seit 70 Jahren die Frage nach dem Amt …

… also den Bedingungen, wann ein Mann, eine Frau Sakramente spenden, wann sie im Namen der Kirche predigen, wann sie beauftragt oder geweiht werden können als Priester, Pastorinnen …

… die orthodoxen Kirchen verweigern sich einem offenen Dialog über Frauenordination und der ökumenischen Auseinandersetzung um die Fragen der ethischen Bewertung der Homosexualität. Die russisch-orthodoxe Kirche beispielsweise kann sich doch nicht als eine in allen Bereichen unanfragbare moralische Instanz hinstellen. Sie muss sich an anderer Stelle fragen lassen: Wie ist das Verhältnis von Kirche und Nation? Wie geht ihr mit den Minderheiten-Kirchen im eigenen Land um? Wie haltet ihr es mit Frauen im Amt? In einer offenen und solidarischen Partnerschaft müssen solche kritischen Fragen gestellt werden dürfen. Ich will meine Zeit nicht mit harmonischen Reden verbringen, bei denen sich alle zehn Tage im Jahr ganz furchtbar gern haben, aber dann keine Gottesdienste zusammen feiern können. Da muss ich mich fragen, wo ich meine Kraft und Zeit investiere. Zwanzig Jahre im ÖRK sind unter diesen Umständen genug. Da können andere mit frischer Kraft anknüpfen.

Sind Sie im ökumenischen Dialog gerade als Frau im Bischofsamt von den katholischen und orthodoxen Kollegen weniger anerkannt?

Ob Mann oder Frau im evangelischen Bischofsamt ist nicht die Frage, auch wenn manche evangelischen Männer das meinen. Es geht um die Grundsatzfrage, ob das Amt in der evangelischen Kirche als „gültiges" Amt vom katholischen oder orthodoxen Bischof anerkannt wird. In Niedersachsen ist es kein Problem, die Autorität habe ich mir erarbeitet in den fünf Jahren, das ist ein Gespräch auf Augenhöhe mit den katholischen Bischöfen. Obwohl ich manchmal schon erfahre, dass ein Mann mit Bischofskreuz dann doch auf merkwürdige Weise mehr herzumachen scheint.

Wann?

Ach, diese Geschichte erzähl' ich eines Tages in einem humorvollen Rückblick auf meine Amtszeit …

Die Gastgeberin des Kirchentages 2005 ...

... zur Kirche nach der Volkskirche – über das Profil des Kirchentages – und die eigene Glaubenshaltung

Die evangelische Kirche im Jahr 2005 ist eine Kirche in der Krise. Nur eine Zahl: Jeder Zehnte der 16 bis 19 Jahre alten Kirchenmitglieder will im Lauf des Jahres die Kirche verlassen.

Das sind aber nicht die, die für immer wegbleiben. Bei den Wiedereintritten erscheinen oft diejenigen, die beim ersten Gehalt mit Blick auf den Kirchensteuerabzug ausgetreten sind und dann, wenn das erste Kind sich ankündigt und damit die ersten großen Fragen kommen, wieder Kontakt suchen. Wir haben in der Landeskirche Hannover bei rund 20 000 Austritten gut 8 000 Eintritte pro Jahr. Also ich bin nicht so skeptisch wie manche, die meinen, dass eines Tages in Deutschland nur noch zehn Prozent der Bevölkerung zur Kirche gehören. Es bekennen sich immerhin 66 Prozent in Deutschland zu den Kirchen. Natürlich bin ich auch zuversichtlich als Bischöfin einer sehr ländlich geprägten Kirche. In Ostfriesland sind rund 95 Prozent der Menschen Mitglieder der lutherischen Kirche. Und da ist die Kirche wahrhaftig mitten im Dorf. Wenn da was los ist, dann ist die Kirche dabei.

Die evangelische Kirche wird kleiner werden, allein durch die demografische Entwicklung, aber die großen Austrittswellen liegen hinter uns. Die Frage ist: Wie ist es mit dem Nachwuchs?

Was sich dann auch an geringeren Kirchensteuermitteln deutlich bemerkbar macht.

Deshalb werden sich die Gemeinden verändern müssen. Es wird nicht jedes Dorf einen Pastor, eine Pastorin haben. Es wird ein Pastor da sein, vielleicht für sieben, acht oder zehn Dörfer. Vielleicht gibt es nicht jeden Sonntag Gottesdienst in der Kirchengemeinde, aber jeden ersten in der einen, jeden zweiten in der anderen Gemeinde. Aber das heißt nicht, dass die Kirche völlig aus der Fläche verschwindet. Zudem war es ja auch nicht so, dass in der Zeit, in der wir wirklich Geld hatten und wir viele Einrichtungen und Werke gegründet haben, eine Erweckungsbewegung durch Deutschland gegangen wäre. Wir haben eher alles professionalisiert und abgeschoben in spezialisierte Bereiche.

Jetzt kommt bestimmt die unausweichliche Rede von der „Chance in der Krise".

Ja, in der Krise ist eine Chance, sowieso immer. In dieser Krise ist eine Chance, weil wir uns fragen: Was ist eigentlich das Zentrale? Welche Aufgaben müssen wir wirklich leisten?

Sie wird also weiter sein, die evangelische Kirche?

Auf jeden Fall wird sie sein. Ganz klar. Die Kirche wird sich verändern, anders Kirche sein, „ecclesia reformata semper reformanda" …

... die reformierte Kirche ist eine immer sich zu reformierende, zu erneuernde Kirche ...

... aber wir werden Kirche und als Kirche präsent sein.

Klein, aber fein oder als Volkskirche?

Nein, ich glaube nicht, dass wir klein, aber fein werden. Anders Volkskirche. Denn ich bin überzeugt, unsere Gesellschaft braucht auch dringend eine Kirche. Erst wenn alle heiligen Räume zerstört sind, werden die Menschen wohl merken, wie dringend sie sie brauchen.

Aber als Kirche mit deutlich weniger Mitgliedern dann doch eher Kirche für das Volk als Kirche des Volkes.

Für das Volk schon, aber eher – offen für das Volk. Ich erlebe sehr stark, dass die großen existenziellen Fragen Menschen radikal umtreiben. Im Sommer habe ich einen 45-jährigen guten Freund beerdigt, Patenonkel einer meiner Töchter, Coach bei Unternehmen wie der Deutschen Bahn AG usw. Bei seiner Beerdigung waren 500 Leute, die meisten in den Vierzigern. Und gerade die waren schockiert durch die Einsicht, dass man sterben kann – mitten im Leben. Ich wette – wetten soll ich ja nicht – also: ich denke, dass da etliche nicht Mitglieder der Kirche waren. Gerade berufstätige Männer in dieser Altersgruppe sind oft ausgetreten. Und viele Männer auf dieser Beerdigung waren fassungslos, haben bitterlich geweint und waren unendlich dankbar für das Angebot eines Rituals, um mit dieser unvertrauten Situation und den eigenen Gefühlen umgehen zu können. Denn sie hatten keine Ahnung mehr, wie sie mit einem solchen Abschied umgehen können und sie brauchten Rituale und einen Menschen, der Worte dafür findet. Deshalb glaube ich, Menschen brauchen die Kirche, die sagt: Wir haben Worte und die Hoffnung auf Auferstehung, wir haben Riten und die können wir euch anbieten. Wir sind für euch da, selbst wenn ihr nicht unsere Mitglieder seid.

Ich denke, das wird uns Respekt bringen, Nachfragen nach dem Glauben und Menschen, die zu dieser Kirche stehen.

In den menschlichen Extremsituationen: Geburt, Hochzeit, Krankheit, Tod …

Ich halte das häufig für noch wichtiger, das will ich ganz offen sagen, als den Sonntagsgottesdienst. Ein überraschendes Beispiel sind die Schulanfängergottesdienste. Die haben flächendeckend eine stark wachsende Teilnahme. Das heißt, die Menschen suchen nach jemandem, der ihnen sagt, das sind die wichtigen Momente im Leben. Der sie im Ritual darstellt, und dann die existenziellen Fragen auch formulieren und ansprechen kann, weil so viele sprachlos geworden sind. „Tu deinen Mund auf für die Stummen", wie es die Bibel (Spr 31,8) sagt, das gilt ja nicht nur für Arme im sozialen Sinne, sondern auch für Arme im religiösen Sinne, die leer geworden sind. Wenn wir das mit Liebe zu den Menschen angehen und Schwerpunkte setzen, ist das sehr richtig und wichtig. Im sozialkaritativen Bereich, in der Diakonie werden wir nicht alles aufrechterhalten können. Wir werden auch nicht mehr flächendeckend Kindertagesstätten und Altenheime und Ähnliches anbieten können. Da gilt es dann exemplarisch zu zeigen, wie mit Leuchttürmen: Das hier ist „evangelisch – at its best". Nehmen wir die Marktkirche in Hannover als Beispiel, da gibt es Kunst, Kultur, Diskurs und wunderbare Gottesdienste. Solche Orte müssen wir vorzeigen und stützen und da auch investieren.

Das klingt nach einem eher liturgisch-kulturellen Profil?

Das eine schließt das andere nicht aus. In den großen gesellschaftsrelevanten ethischen Fragen, Gentechnologie und so weiter, werden wir nicht still sein. Aber zuerst geistlich für die Menschen, die so leer sind, da zu sein, das halte ich für wichtig.

Greift denn bei dieser Zielgruppe noch die liturgische Sprache? Wird sie verstanden?

Als Liturgin kann ich mich nicht darauf verlassen, dass die Anwesenden einfach mitgehen, aber ich kann das Ritual so anbieten, dass sie sich mit hineinbegeben können. Ich erlebe das auch als Erleichterung, bei einer Beerdigung etwa Sätze wie: „Wem der Verstorbene etwas schuldig geblieben ist, der vergebe ihm jetzt, und wer ihm etwas schuldig geblieben ist, der sei jetzt freigesprochen." Einen solchen alten überlieferten Satz empfinden Menschen ganz plötzlich als sie persönlich treffend. Es gibt eine neue Bereitschaft, sich auf das Ritual einzulassen und das Ritual auch einzuüben. Und das erleben wir auch bei den großen gesellschaftlichen Erschütterungen.

Wie dem 11. September 2001?

Der 11. September, das war einer dieser großen Anlässe. Am gleichen Abend war die Marktkirche in Hannover voll. Ohne Ankündigung. Aber gleiches galt auch bei der kleinen Levke, die ermordet wurde. Ein ganzes Dorf, Altenwalde, bei uns in der Landeskirche in der Nähe von Cuxhaven, ist erschüttert, die Kinder sind völlig verstört, die Leute haben Angst. Was passiert? Das Gotteshaus ist offen in der Zeit der Ungewissheit und Suche nach Levke, es gibt ein Buch, in das Gebete eingeschrieben werden, es gibt eine Gebetsstunde, es wird eine Kerze angezündet gehalten für das kleine verschwundene Mädchen. Später, bei der Beerdigung, finden viele Menschen eine Form für ihre Trauer, ihre Ratlosigkeit und ihre Verzweiflung. Das heißt, die Sehnsucht ist ganz stark, gerade in diesen Situationen, Extremsituationen, kirchliche Rituale zu haben. Ich bin überzeugt, Kirche kann gerade Kirche für das Volk sein, indem sie sagt: Das ist unser christlicher Glaube, der dir Halt geben kann, das ist ein Angebot für dein Leben.

2003 in der Image-Studie von McKinsey haben die Kirchen schlecht abgeschnitten. Bei der Frage, was den Kirchenmitgliedern der Gottesdienst bedeute, hat ein Drittel der Befragten geantwortet, er habe keinerlei Bedeutung für sie.

11. September, Tod, Geburt, das sind die besonderen Situationen, in denen Kirche gesucht und Kirchen besucht werden. Das ist nicht der regelmäßige 10-Uhr-Gottesdienst. Deshalb ist die Frage: Wie lässt sich der eigentlich verändern? Zurzeit gibt es eine Suche nach neuen, lebensrelevanten Formen. Ein Beispiel ist der Expo-Wal, den auf dem ehemaligen Expo-Gelände in Hannover ein Verein unserer Landeskirche für drei Jahre übernommen hat. Da gibt es einmal im Monat um 11.30 Uhr einen Gottesdienst, der eher charismatischen Happening-Charakter hat. Sicher nicht jedermanns und jederfraus Geschmack, aber es kommen etwa dreihundert Menschen, vor allem Familien mit Kindern, und bleiben auch zum anschließenden Brunch. Um 14.30 Uhr gibt's noch einen Talk mit einem interessanten Gast, um 15.00 Uhr ist die Veranstaltung vorbei. Ein ganz gezieltes Angebot für Familien mit kleineren Kindern, die sich wohlfühlen. Ich glaube, dass wir viel stärker solche Profil-Gemeinden und Profil-Gottesdienste brauchen. Wir haben in Han-

nover eine Kirche zur Jugendkirche umgebaut. Eine andere hat ihre Stärke in der Liturgie, mit Bach-Chor für den hochkirchlichen Bereich. Die Gospelbewegung wächst in vielen Gemeinden. Meines Erachtens wird gerade im städtischen Bereich die Zukunft nicht darin liegen, dass wir im Stadtzentrum mehrere Zehn-Uhr-Gottesdienste nach der Agende 1 anbieten, sondern Schwerpunkte bilden. Und das wird auch auf dem Land möglich sein.

Das heißt, die 19.-Jahrhundert-Territorialgemeinde wird nicht mehr den Supermarkt-Charakter haben, dass ich alles bekomme – von der Taufe bis zur Beerdigung?

Es kann sein, dass sich das verändert. Ich hoffe, dass wir weiterhin Kirchengemeinden haben, in der diese Tradition erhalten bleibt, die ich allerdings nicht als „Supermarkt“ bezeichnen würde. Aber ich ermutige auch die Pastorinnen und Pastoren, ihre eigenen Profile zu bilden. Ich glaube, dass es in jeder Gemeinde ohnehin so ist, dass sich bestimmte Menschen eines bestimmten Milieus treffen. Und ich würde eher fördern, dass eine Gemeinde sagt: Wir investieren in Musik, Chorarbeit, Posaunenchor, das ist unser Schwerpunkt, das ist das Kennzeichen unserer Gemeinde. Aber wir sind nicht so gut, beispielsweise, im Besuchsdienst. Und eine andere Gemeinde hat ein anderes Kennzeichen. Gerade auf dem Land bildet allerdings die Kirchengemeinde hoffentlich auch in Zukunft die Gemeinschaft vor Ort ab.

Kirche als Gemeinschaft unter Wort und Sakrament wird wieder stärker werden. Die andere protestantische Seite war aber auch der Blick auf die „Rechtfertigung des Menschen aus Gnade“ …

… ein heute kaum unmittelbar verständlicher Begriff …

… aber auch ein Kernbegriff der Theologie Luthers.

Für mich ist tatsächlich diese Rechtfertigungsbotschaft heute fast noch relevanter als zu Luthers Zeiten, weil ich den Eindruck habe, dass viele Menschen überhaupt nicht wissen, warum sie leben. Dann suchen sie ständig und zweifelnd und umtriebig einen Lebenssinn etwa im Schönheitsideal oder im Geldverdienen, und wenn sie es nicht finden, besaufen sie sich ohne Ende oder setzen sich vor den Fernseher. In so eine Welt sagen zu können: Dein kleines Stück Leben, ob es jetzt 30, 60 oder 90 Jahre sind, macht Sinn, weil Gott deinem Leben Sinn zusagt, und du kannst aus deinem Glauben auch Kraft zu diesem Leben schöpfen, das ist eine umwerfende Botschaft für viele. Diese Botschaft möchte ich in diese Zeit sagen: Das ist das Evangelische, dass es eine Freiheit und eine Unabhängigkeit von all diesen Zwängen gibt, die dir sagen wollen, wie du sein musst, wie du auszusehen hast, wie du zu wohnen hast, wie du zu leben hast. Rechtfertigung ist ein veralteter Begriff dafür, aber er meint etwas Aktuelles: Freiheit zum Leben, weil ich mich von jemand anderem außerhalb dieses Systems getragen weiß und von dieser Kraft her, die wir Gott nennen, tatsächlich Lebenssinn finde. Ob ich jetzt behindert bin oder nicht, beruflich erfolgreich oder arbeitslos, ist nicht das Allererste im Leben.

Diese religiöse Sprache steht unter dem Verdacht des Evangelikalen, Freikirchlichen, zu Intimen …

Wir erzählen nicht davon, man schämt sich eher, wenn jemand sagt: „Ich habe einen Schutzengel erlebt", oder: „Da war Gott mir ganz nah." Als der Mann meiner Freundin starb, war sie mit beiden Töchtern am Bett und hat gesagt: „Irgendwie war Gott spürbar anwesend, da war Gnade." Wer sagt so etwas schon? Wer sagt heute: „Ich erlebe, dass manches Mal, wenn jemand auf mich zugeht, und mich so mit den Augen der Liebe anguckt, dass mir da auch die Liebe Gottes im Anderen begegnet"?

Woher kommt denn dieses Gefühl des Peinlichen in der religiösen Rede?

Es verweist uns zu sehr auf unsere Abhängigkeit mitten in der Welt, die so stolz auf Technik und Vernunft ist. In unserer Gesellschaft sollen alle stark sein, durchsetzungsfähig – da brauchen wir, da brauche ich doch keinen Glauben! Ist ja peinlich, ist was für alte Menschen, die Angst vorm Tod haben. Wir reden auch nicht übers Sterben – kein Mensch redet intensiv übers Sterben! Die Alten sind oft weit weg, weil das keiner mehr sehen will. 840 000 Menschen sterben in Deutschland jedes Jahr, und alle haben im Durchschnitt wenigstens einen Angehörigen, das heißt: vom Tod sind Millionen betroffen jedes Jahr. Geredet wird darüber möglichst nicht.

Wird der Kirchentag in dieser Situation eher ein spirituelles, frommes Gesicht haben als ein sozial-engagiertes?

Es wird ein Streitthema geben mit hohen Emotionen, bei dem es sicher heftige Auseinandersetzungen geben wird: das ist die Globalisierung. „Gerechtigkeit" steht ganz oben auf der Tagesordnung. Politische Streitthemen haben eine Tradition auf dem Kirchentag. Für mich war der Kirchentag häufig „ein dritter Ort", wo auf einem Podium Leute zusammenkommen, nicht nur zum Schlagabtausch, sondern – und das ist auch die Erwartung der Zuhörer in der Halle – um aufeinander zu hören. Gentechnologie wird wohl eines der Themen sein und ganz sicher der Dialog zwischen Christen und Muslimen. Da hat die Kirche den wichtigen Auftrag, zu vermitteln. Mündige Bürgerinnen und Bürger in diesem Land brauchen Chancen und Orte, sich eine Meinung zu bilden. Der Kirchentag ist ein solcher Ort.

Überragendes Thema dieses Kirchentages wird aber wohl Spiritualität sein. Das wird ihn unterscheiden von bisherigen Kirchentagen. Und ich hoffe, er wird als evangelischer Kirchentag doch auch ökumenisch geprägt sein.

Braucht es den Kirchentag noch, wenn die gesellschaftspolitische Dimension und Diskussion geringer wird?

Der Kirchentag ist nicht am Ende. Er ist im Wandel, er verändert sich. Übrigens nicht nur heute. In den fünfziger Jahren war er eher Volkshochschulbewegung für Evangelische, danach wurde er politischer. Bedeutung hat er weiterhin gerade für die Christinnen und Christen, die in ihrer Gemeinde keinen Aufbruch spüren. Da ist er alle zwei Jahre so eine Tankstelle für die Seele und für das ehrenamtliche Engagement.

„Wenn ein Kind dich morgen fragt …" ist das Motto des Kirchentages …

Ich habe mich dafür eingesetzt, denn ich finde den Schriftvers wunderbar.

Er verweist auf eine notwendige Erinnerungskultur, Erzählkultur. Den Abbruch dieser Kultur finde ich dramatisch – gerade bei den jungen Leuten. Heute sagte meine Tochter: „Wir nehmen den Vietnamkrieg in der Schule durch – was war denn da?"

Da hat das Käßmannsche Erziehungskonzept aber einen herben Rückschlag erlitten …

Ich habe mich gefreut, dass das drankommt, und war zugleich erschrocken, wie weit das schon zurückzuliegen scheint. Wir erzählen zu wenig! Meine Großmutter hat noch ganz viel von Pommern und von ihrer Flucht erzählt, das war lebendige Erzähl- und Erinnerungskultur.

Aber was heißt das denn heute in dieser Republik? Das Kirchentagsmotto aus der Bibel verweist auf die Befreiung aus der Sklaverei, auf das geschichtliche Handeln Gottes für sein Volk. Dorothee Sölle hat vor ein paar Jahren versucht auszubuchstabieren: Ein Volk ohne Vision geht zugrunde …

Ja – aber ohne Erinnerung auch …

… kann man die Erfahrung Israels so übertragen? Was ist denn unser Exil gewesen?

Ich denke beispielsweise, der Nationalsozialismus muss erzählt werden, die Erfahrungen von Diktaturen und Menschenverachtung. Heute sieht es ja oft so aus, als wären es ungefähr 15 Deutsche gewesen, die Nazis waren, und alle anderen waren im Widerstand. Ich überziehe jetzt. Aber auch mir hat es sehr geholfen, meine Mutter zu verstehen, die sehr ehrlich erzählt hat, wie sie Hitler angehimmelt hat als junges Mädchen.

Also eine Erinnerung an die Schmach, an die nicht geleistete Trauerarbeit?

Ja, aber auch: Wie entsteht so ein Schuldzusammenhang? Wie kommt es dazu, dass Menschen so verführbar sind, dass sie die Würde des anderen nicht mehr achten oder weggucken, wenn er missachtet, verfolgt und ermordet wird? Was bedeuten Anstand und Ehre? Dazu muss schon erzählt werden, wie eigentlich Versagen aussieht – und unser eigenes, mein eigenes auch. Meine Kinder sollen mich fragen dürfen: Wie kannst du so gelebt haben, hast dich nicht mehr für Gerechtigkeit eingesetzt außer auf großen Kongressen …

Der biblische Bund zwischen Gott und den Menschen als Gesellschaftsvertrag gründet aber nicht nur auf der negativen Schulderfahrung, sondern auf der positiven Erfahrung der Befreiung.

Das hat Deutschland doch auch erfahren! Erstmal hat Deutschland Vergebung erfahren. Für mich ist Amsterdam 1948 …

… die Gründung des Ökumenischen Rates der Kirchen …

… ein Wunder gewesen, weil die deutschen Kirchen von den Kirchen Frankreichs, der Niederlande, der Schweiz und Englands gebeten wurden, Mitgründerinnen des Ökumenischen Rates der Kirchen zu sein. Das war doch für Deutschland eine Erfahrung von Befreiung. Oder nehmen Sie 1989. Also wenn wir da nicht Segen, erfahrbaren Segen eines Volkes sehen, erfahrbarer Segen, dass ohne Gewalt eine Revolution möglich ist. Das, würde ich sagen, war eine

Segenserfahrung für ein ganzes Land, für ein Volk, dass Gott diesem Volk eine neue Chance gibt zur Gewaltfreiheit, diesem Volk, das so gewalttätig war.

Deshalb habe ich auch Bundespräsident Horst Köhler verteidigt, als er gesagt hat: Gott segne unser Land. Gott soll natürlich jedes Land segnen, aber ich denke, Segen tut auch unserem Land gut, und wir spüren das.

Wer kann denn so leben wie wir? Ich bin ohne Krieg aufgewachsen, immer Essen, nie Sorgen – na ja, Sorgen hat jeder – doch meine Sorgen hätte manche Frau in Venezuela oder im Kongo gern. Da denke ich, müssen wir vielleicht mehr drüber reden.

„Wenn ein Kind dich morgen fragt …" Was sagen Sie Ihren Töchtern, warum es sich lohnt, evangelisch zu sein?

Ich hab in meinem Leben immer starkes Gottvertrauen gespürt. Das ist ein Geschenk. Gerade in Zeiten, in denen ich Angst hatte und nicht weiterwusste, habe ich den Glauben als Halt erfahren, im Gespräch mit Gott. Ich habe verstanden, dass Jesus selbst – das ist mir sehr wichtig geworden – Leiden im Leben erfahren hat. Erfahren hat, dass Leben nicht leidfrei zu haben ist. Ich glaube, dass die Toten über den Tod hinaus getragen werden und dass durchaus nach dem Tod noch mehr Leben ist und nicht Ende von Leben. Wie Heinz Zahrnt …

… ein Theologe und Freund, den Sie beerdigt haben …

…gesagt hat: Ich habe eine gute Vermutung zu Gott. Die habe ich auch, und die hat mir im Leben Kraft gegeben – auch Vertrauen übrigens, meine Kinder freizugeben. Meine älteste Tochter war als 16-Jährige ein Jahr in Südafrika, und alle haben gesagt: Das darfst du nicht zulassen! Aber niemand kann sein Kind vollkommen schützen. Mir hilft mein Vertrauen darauf, dass es in dieser Gemeinschaft der Getauften auch noch eine andere Segenskraft gibt. Das hat mir sehr viel Freiheit gegeben im Leben, auch wenn ich mich von anderen angegriffen fühlte.

Entlastung, Freiheit – ist das gemeinschaftsbezogen – oder ist das „Margot vor Gott"?

Das ist das eine, und das ist natürlich auch urprotestantisch – „Ich und mein Glaube vor Gott".

Mein alter Religionslehrer hat beim WDR in einer Hörfunksendung erzählt, dass ich nach der Freigabe des Religionsunterrichts die Einzige gewesen sei, die gesagt habe, sie gehe weiter hin. Meine Mutter hätte da gar keinen Druck gemacht, aber hämisch über Glauben zu reden, Religion „abzuwählen", das wäre mir ein großes Problem geworden. Ich war eigentlich auch immer kirchlichen Bezügen verbunden und habe Gemeinde in unterschiedlichen Varianten erlebt, von der Ortsgemeinde über die Friedensgruppe, Fastenaktionen für den Frieden in Göttingen …

… während Ihres Studiums …

… beispielsweise. Es war sicherlich nicht immer die Ortsgemeinde. Aber immer eine Gemeinschaft im kirchlichen Bereich. Und in bestimmten Phasen war es für mich am ehesten der Kirchentag.

Was ist für Sie das Schriftwort, das Ihre Situation am besten trifft?

Ich hab das bei meiner Einführung als Bischöfin genannt, und das hat sich bis jetzt auch nicht verändert. Es ist das Psalmwort „Du stellst meine Füße auf weiten Raum".*

Bischöfin zu werden habe ich mir in meinem Leben nicht vorstellen können. Ich wollte auch zunächst gar keine Kinder. In der Frauengruppe in Göttingen haben wir August Bebels „Die Frau im Sozialismus" gelesen, da wurden Kinder als Werkzeuge der gesellschaftlichen Unterdrückung „entlarvt". Da hat sich bei meinen vier Töchtern dann ein wunderbar weiter Raum eröffnet, den ich nie erwartet habe, denn ich habe immer gedacht, dass Muttersein nicht zu mir passe. Das ist das eine.

Das andere: Ich hab mich tatsächlich immer gestellt gefühlt von Gott, und der Raum war manchmal ein ganz anderer, als ich erwartet hatte. Aber ich habe dann auch die Sehnsucht und Weite gespürt, wenn andere versucht haben, mich einzuengen und festzulegen. Als Beispiel nehme ich noch mal den Ökumenischen Rat der Kirchen, das war für mich

* Psalm 31,9.

eine ganz, ganz schwere Entscheidung, weil ich dort 20 Jahre meines Lebens eingebracht hatte und ich einen unheimlichen Druck fühlte, die Entscheidung, zu gehen, nicht zu treffen. Und dann war der Raum aber doch weit genug zu sagen, da stehe ich jetzt und kann nicht anders. Also das steckt auch darin: Ich brauche auch Raum. Sobald man anfängt, mir den Raum zu nehmen, werde ich eher unleidlich. Ich habe aber meist viel Raum für mich gespürt, meine Gaben zu entwickeln.

Würden Sie alles noch mal so machen?

Ja, ich bin froh und dankbar.

Sie lassen sich auch stellen? Statt eigener strategischer Karriereplanung?

Ich weiß, manche denken, dass ich Karriere strategisch plane. Aber meine Erfahrung ist eher: Du musst dich auch anvertrauen. Vertrauen, dass es schon wird. Und dann auch den Mut haben, etwas Neues zu wagen.

Der Mensch wird des Weges geführt, den er wählt?

Das denke ich, ist eine gute Lebenshaltung, zu sagen: Du weißt gar nicht, was auf dich zukommt, und du kannst dein Leben nicht bis ins Letzte planen. Das Leben ist voller Überraschungen, da kannst du nur sagen: Ich vertraue darauf, dass es einen Weg für mich gibt. Ich kann schon mal eine falsche Abzweigung wählen, das ist ja so. Im Leben muss du oft Abzweigungen wählen, aber Gott hilft dir, deinen Weg zu finden, so dass du nachher auch sagen kannst: gut, das war mein Weg, hätte hier oder da anders sein können, aber das war mein Weg, dazu stehe ich, den bin ich gegangen. „I did my very best", nicht alles gelungen, nein, aber ich hab es versucht, und ich hab mich auch geführt gefühlt.

Wenn ihre jüngste Tochter, falls Sie sich das vorstellen können, sagen würde: Ich werde Pastorin ...

... würde ich sagen: ein wunderbarer Beruf! Aber ich glaub nicht, dass sie es tun würde. Obwohl, na ja ... mal gucken. Warten wir ab. Das ist dann schließlich ihr ganz eigener Weg.

Manfred Kock

Im Gespräch

Einmal hat er gelacht während der Gespräche, auf die Frage nach seinen Stärken. „Psychofragen", zumal wenn es um seine Seele geht, sind seine Sache nicht. Er macht nicht viel Aufhebens um sich, sucht nicht den Streit und bezieht dennoch Position.

Manfred Kock hat die kirchliche Ochsentour hinter sich: Vikariat, Pfarramt, Jugendpfarrer, Superintendent, Stadtsuperintendent von Köln, dann Präses (in anderen Landeskirchen ist das der Bischof) der Evangelischen Kirche im Rheinland, und 1997, überraschend, Vorsitzender des Rates der EKD. Er kann erzählen, wie er am Rande einer Talkshow mit Sir Peter Ustinov plaudert, ohne dass es wichtigtuerisch wirkt. Anders als sein intellektuell und manchmal kühl-überlegen wirkender Amtsnachfolger Wolfgang Huber, der Vordenker des deutschen Protestantismus, war Kock in seiner Amtszeit der ruhige, besonnene, moderate „Gaul an der Deichsel", wie er sich selbst nennt, die sammelnde Mitte der evangelischen Kirche. Er verstand und versteht, und scheut doch weder das klare Bekenntnis noch die nüchterne politische oder ökumenische Einschätzung. Der 68-Jährige sieht die Wunden von Welt und Geschichte, sieht das politische Desaster vom Irak bis zu den menschlichen Katastrophen und weiß sie zu deuten und mit ihnen zu ringen im Geist der Botschaft Jesu.

Über dem Sofa in dem Kölner Wohnhaus hängt neben anderen Grafiken die Radierung von Alfred Hrdlicka, die den Frankfurter katholischen Sozialwissenschaftler und Jesuitenpater Oswald von Nell-

Breuning zeigt. Manfred Kock hat das Blatt aus seinem Büro im Landeskirchenamt mitgebracht. Die zeitgenössische Kunst hat er in intensiver Auseinandersetzung für sich entdeckt, als Herausforderung und Bereicherung, in ihrer bilderstürmerischen Haltung dem Protestantismus verwandt. Wenn er von den von ihm initiierten Kunstaktionen spricht, wird er lebhaft, geht an die Bücherregale, zeigt Bildbände.

Am Ende eines Gesprächs weist er den Weg zur Straßenbahn, preiswerter als das Taxi zum Hauptbahnhof. Fürsorgende, selbstverständliche Aufmerksamkeit hat er sich bewahrt für sein Gegenüber. *W.K.*

Aus der Erfahrung als Präses ...

... zur Ausbildung der jungen Vikarinnen und Vikare – zu Pfarrherren und synodalen Strukturen – zu Zeitgeist und Bekenntnis

Wilfried Köpke: Präses Kock, Sie waren Vikar, Pfarrer, Superintendent, bevor Sie als Präses und EKD-Ratsvorsitzender die Geschicke der Kirche im Rheinland und der Evangelischen Kirche in Deutschland mitbestimmt haben. Wenn Sie auf ihren Beginn im kirchlichen Dienst Anfang der sechziger Jahre schauen, haben sich Bild, Motivation und Selbstverständnis der Pfarrerinnen und Pfarrer verändert?

Manfred Kock: Im Prinzip hat sich wenig verändert in diesem Zeitraum. Die Pfarrer meiner Generation sind angetreten, um in einer Gemeinde als Experten für die Theologie und als Moderatoren zu helfen, dass viele Gaben, viele Begabungen der Gemeindeglieder sich entfalten, damit so die Botschaft des befreienden Christus lebendig werde. Der Umgang mit ehrenamtlich und hauptamtlich Mitarbeitenden hatte für uns von Anfang an herausragende Bedeutung. Von der Seite der Gemeinde begegneten uns hohe Erwartungen. Wir waren eben doch auch „Mädchen für alles". Und im Nachhinein kann ich mir vorstellen, dass gerade die Übernahme einer solchen Moderatoren-Funktion, wie wir sie uns gedacht hatten, das sogar befördert hat.

Inwiefern? Sie wollten doch eigentlich Kompetenz und Zuständigkeiten abgeben, delegieren.

Sicher, aber die Pfarrer und Vikare, die dann an den Schaltstellen der Aufgabenverteilung sitzen, sind ja nicht weniger „mächtig“ als solche, die immer nur das Sagen haben wollen. Auch da kommen die anderen oft gar nicht zum Zuge. Es war eine spannende Zeit, und ich selbst habe Gemeindeleitung kommunikativ wahrgenommen. Ich habe mit Kollegen und Kolleginnen immer gut zusammenarbeiten können und habe das als eine große Wohltat erlebt. Der Spruch: „Unterm Altar sind die Beene vom Pastor am liebsten alleene“ und die damit verbundene Vorstellung des alles machenden, allein bestimmenden Pastors ist für mich ein Schreckgebilde.

Das es immer noch gibt …

… und eben von der Art und Weise abhängt, wie man mit seiner Rolle und Position umgeht.

Wie stark ist die Erwartung an den Pfarrer damals gewesen, als studierter und ausgebildeter Fachmann in Sachen Gemeinde?

Die Erwartung an den Pfarrer war hoch: „Du kennst dich aus, du bist der Experte, nicht nur für die Theologie. Du weißt, wie eine Gemeinde funktionieren soll“, das war die Vorstellung. Auf der anderen Seite waren viele bereit, selber Gaben einzubringen. Wer den Menschen dafür Raum gibt, hat viele, die ehrenamtlich mitarbeiten.

In den achtziger Jahren, scheint mir, ging es mit dem ehrenamtlichen Engagement wieder zurück. Lag das auch an den vielen hauptamtlichen Stellen, die eine finanzstarke Kirche sich damals leisten konnte?

In der Tat hat der finanzielle Boom, den wir als Kirche gehabt haben, nicht nur eine heilsame Wirkung gehabt. Wir haben viele Aktivitäten durch Hauptamtliche unterstützen können, in der Jugendarbeit, in diakonischen Angeboten, in der Kirchenmusik. Das hat natürlich bereichert. Auf der anderen Seite hat es die Gemeinden auch verwöhnt. Und es hat die Arbeit nicht immer gefördert.

Was waren die Schwierigkeiten?

Wir haben in der Rheinischen Landeskirche viele hauptamtliche Leute in die Jugendarbeit geholt. Das waren Leute, die zum Beispiel an einer Fachhochschule Sozialpädagogik studiert hatten. Dieses Studium und die Qualifikation führte aber bei den von uns eingestellten Sozialpädagogen nicht immer zu einem höheren Engagement. Das hatte zur Folge, dass manche Gemeinde den Eindruck hatte, das Studium führe vor allem dazu, die Jugendarbeit zu akademisieren, aber dadurch auch nicht mehr sprachfähig zu sein im Umgang mit Jugendlichen aus einfachen Verhältnissen. Vor allem in der so genannten offenen Jugendarbeit waren die Jugendleiter oft stark überfordert.

Gab es auch bei den Pfarrern einen Einstellungsboom?

Zunächst noch nicht. In den siebziger Jahren hatten wir noch große Schwierigkeiten, bestehende Pfarrstellen überhaupt zu besetzen. Der Mangel an jungen Theologen war groß. Wir haben erst Mitte der siebziger Jahre das Pensionsalter der Pfarrer von siebzig auf fünfundsechzig Jahre heruntersetzen können, weil wir durch Pensionierung frei werdende Stellen vorher häufig nicht besetzen konnten. Es gab einen Pfarrermangel.

Das hat sich dann aber geändert und beinahe ins Gegenteil verkehrt.

Das hat sich in den achtziger Jahren und vor allem in den neunziger Jahren geändert. Es gab so viele Theologiestudierende, dass die Kirche sie gar nicht alle unterbringen kann. Mit den vielen Menschen, die in der Kirche hauptamtlich arbeiten wollten, haben wir uns sehr, sehr schwer getan, denn wir hätten deren Engagement gut gebrauchen können, aber für alle reichte das Geld nicht. Ich habe den Eindruck, mit dem Überfluss an jungen Theologinnen und Theologen sind wir wesentlich schwieriger zurechtgekommen als mit dem Mangel zuvor.

Die Landeskirchen sind unterschiedlich damit umgegangen. In einigen wurden junge Theologen nach den Examensnoten oder durch Testverfahren aussortiert. Das war für viele junge Leute sehr demotivierend. In unserer Landeskirche im Rheinland haben wir alle, die die Examina bestanden hatten, bis zu Erlangung der Anstellungsfähigkeit als Pfarrer oder Pfarrerin beschäftigt, das heißt, sie bekamen die Möglichkeit zum Vikariat. Aber anschließend mussten sie sich auf Stellen bewerben und haben dann bisweilen bittere Erfahrungen machen müssen mit leitungssouveränen Presbyterien, die sich wie beschwerliche Arbeitgeber verhalten haben, wenn es um die Auswahl ihrer Kandidaten ging. Häufig haben sich fünfzig bis neunzig Menschen auf eine Stelle beworben, und es werden schnöde Geschichten erzählt über die Art, wie manche Presbyterien mit ihren Bewerbern umgegangen sind. Der Einzelne wurde in seinem Interesse für Gemeindearbeit und seinen besonderen Stärken gar nicht mehr wahrgenommen, sondern es schien geradezu wie ein Gnadenakt, jemanden als Bewerber überhaupt zur Kenntnis zu nehmen.

Die Eigenständigkeit der Gemeinden zeigt sich bis heute in vielen Facetten, auch in der Gottesdienstgestaltung. Es gibt Gemeinden mit einem hochkirchlichen, fast katholischen Ritus, es gibt den in den liturgischen Elementen sehr reduzierten Gottesdienst.

Eine mich in letzter Zeit sehr beglückende Erkenntnis ist, dass Menschen wieder ein Gespür dafür entwickeln, wie wichtig Rituale sind. Fulbert Steffensky hat ein schönes Buch über Kirche, ihre Rituale und Gottesdienste, geschrieben: „Das Haus, das die Träume verwaltet".* In dem Titel steckt das Wort verwalten, das in diesem Buch nichts Negatives bedeutet, sondern „Raum gewähren" meint. Dieser Raum, der gewährt wird, besteht auch in der Überlieferung von Ritualen und Traditionen. Uns Evangelischen fällt das oft schwer. Manche der Kollegen und Kolleginnen machen Experimente und meinen, sie könnten oder müssten Rituale erfinden. Sie müssen sie vielmehr finden, statt sie zu erfinden. Aber insgesamt gibt es eine gute Tendenz, den Wert von Ritualen zu erkennen und sie zu pflegen.

Ich entdecke auch einen Wandel im Predigtverständnis, es wird wieder stärker seelsorgerisch gepredigt. Damit kann allerdings auch eine Tendenz verbunden sein, die bedauerlich ist und die mich als Gottesdienstbesucher wütend oder traurig macht, wenn ich erlebe, wie plötzlich die Welt, die reale, politische Welt der Menschen, kaum noch eine Rolle spielt.

Fromm, aber weltfremd?

Dass die Frömmigkeit und das seelische Befinden der Einzelnen selbst angesprochen werden, entspricht einer Erwartungshaltung und Tendenz in unserer Gesellschaft. Dem Bedürfnis nach Religio-

---

* Fulbert Steffensky, Das Haus, das die Träume verwaltet, Würzburg 1998.

sität möchten die Pfarrerinnen und Pfarrer entgegenkommen, das ist sicherlich angemessen. Aber schlimm ist es, wenn damit schnell und leichtfertig die öffentliche Relevanz der Botschaft geopfert wird. Wir Pastoren wissen über alles in der Welt nicht besser Bescheid als alle anderen. Aber wir müssen aufmerksam sein für die Fragen und Nöte der Menschen. Die müssen wir ins Wort und ins Gebet bringen. Wenn ich jedoch einen Gottesdienst erlebe, in dem noch nicht einmal mehr in einer Fürbitte zur Sprache kommt, dass Menschen in dieser Welt hungern und wir Gott anzuflehen haben, um Schritte auf dem Weg des Friedens tun zu können, dann tappt die Kirche in eine gefährliche Falle. Sie verschwindet in einem Winkel und wird irrelevant für diese Welt und für Gottes Weg mit dieser Welt.

Das ist aber doch eine Folge der beinahe ausschließlich politischen Predigten der achtziger Jahre.

Wir müssen in all dem, was wir in ethischen oder gesellschaftlichen und politischen Fragen artikulieren, Rechenschaft geben, woher unsere Kraft kommt und worin wir wurzeln. Wenn wir über unsere geistlichen Wurzeln nicht mehr Auskunft geben, verschulden wir den Traditionsabbruch, den uns die Moderne beschert hat, auch selber. Wolfgang Huber …

… der Bischof von Berlin und aktuelle EKD-Ratsvorsitzende …

… spricht in diesem Zusammenhang von der Selbst-Säkularisation. Wir setzen oft als selbstverständlich voraus, dass die heutigen Menschen sich gar nicht mehr für die Tradition und die Wurzeln interessierten, aus denen unsere Kirche spricht und sich für Frieden und Gerechtigkeit in dieser Welt engagiert.

Da müssen wir umsteuern, und das muss bereits in der Ausbildung unserer Vikarinnen und Vikare beginnen. Ich habe jahrelang unsere theologischen Prüfungen erlebt, manche waren hervorragend, aber bisweilen habe ich eine erschreckende Theologievergessenheit erlebt. Die Kenntnis der biblischen Sprachen Hebräisch und Griechisch wurde nicht mehr für wichtig erachtet. Das ging bis in die Prüfungsrichtlinien hinein, bis in die universitären Studienvoraussetzungen. Die Hürden wurden niedriger, und man wunderte sich anschließend, dass man nur noch theologische Flachläufer hat. Das wird in jüngster Zeit langsam aber sicher als eine Gefahr erkannt. Ich gehöre zu denen in unserer Kirche, die dafür eintreten, dass wir an dieser Stelle auch in der Wahrnehmung dessen, was uns die kirchliche Tradition übermittelt hat, keine Abstriche machen. Ich weiß, das ist unmodern. Es gibt manche, die sagen, es sei Ballast, wenn einer selbst gut den hebräischen Bibeltext als Grundlage der Predigt übersetzen könne. Ich bekomme dann zu hören, Sprachkenntnisse, Exegese, machen noch keinen guten Seelsorger aus. Das stimmt, aber es heißt nicht, alle theologische Sorgfalt sei überflüssig.

Den Predigttext aus dem Urtext jedes Mal neu zu übersetzen?

Ich selbst habe das in der Regel noch gemacht. Es ist in jedem Fall erforderlich, dass ich das Schriftwort, über das ich predige, in seinem ursprachlichen Zusammenhang verstehen und erschließen kann. Natürlich verstehe ich, warum die Kolleginnen und Kollegen das heute nicht mehr wollen. Sie haben das Gefühl, dass die Gegenwart brennt, die Gemeinde mit den Problemen der Zeit belastet ist und die Menschen vor allem unsere Zeitgenossenschaft brauchen. Da bleibe dann wenig Zeit für eine profunde theologische Auseinandersetzung. Mir scheint, das Gegenteil muss der Fall sein. Unsere kirchliche Zeitgenossenschaft wird umso unzulänglicher, je weniger wir verankert und gegründet sind in der Basis unserer Theologie. Aus diesem Grunde halte ich es für unerlässlich, dass die Menschen, die im pfarramtlichen Dienst wirklich verantwortlich sein wollen, auch solide Theologie studieren.

Sprachen, Exegese, Pastoralpsychologie, Kirchenrecht, Ethik, Managementwissen … In der Ausbildung der Vikarinnen und Vikare wird viel verlangt. Zu viel, wie einige meinen.

Ich nehme wohl wahr, dass sich manche der jungen Leute heute verzetteln. Aber sie verzetteln sich nicht wegen der Menge des theologischen Stoffs. Sie verzetteln sich, weil sie strukturiertes Arbeiten und

Denken nicht gelernt haben. Das Erlernen der alten Sprachen ist hilfreich, sich zu organisieren, also das Lernen nicht quantitativ zu betreiben, sondern exemplarisch zu entdecken und zu erkennen, worum es eigentlich geht. Was wir aus dem Alten Testament oder aus den neutestamentlichen Schriften lernen, ist ja nicht darin relevant, dass es etwas Vergangenes ist, sondern es wird relevant, wenn es vergegenwärtigt wird. Aber wie kann ich etwas vergegenwärtigen oder verstehen, dass es sich vergegenwärtigt, wenn ich es nicht von seinen Wurzeln, eben auch und gerade von seinen sprachlichen Wurzeln her zu erschließen suche?

Dazu muss der Prediger, die Predigerin aber eine sehr hohe sprachwissenschaftliche Kompetenz haben, um wirklich Feinheiten herausarbeiten zu können.

Damit es nicht zu überzogen klingt, relativiere ich, was ich gesagt habe: Es gibt in den Gemeinden auch Menschen, die die Botschaft Jesu weitertragen und seelsorgerlich kompetent sind, ohne dass sie ein umfassendes theologisches Studium absolviert hätten.

Eher eine Art Arbeitsteilung zwischen dem guten, theologisch fundierten Prediger, dem psychologisch geschulten Seelsorger und der spirituell bewanderten Vikarin?

Wenn wir wirklich arbeitsteilig tätig wären, wäre das sehr gut. Voraussetzung dafür ist allerdings, dass diese Menschen miteinander in Verbindung bleiben, dass sie eine gemeinsame Orientierung finden. In Pfarrkonventen vor allem müssen sie das Aufeinanderhören einüben, damit nicht alles auseinander bricht.

Was bindet zusammen?

Die Mitte, der Christus. Wir sind alle unterwegs, mit dem Maß unseres Glaubens beschenkt und werden getragen. Das ist entscheidend.

Und institutionell, strukturell?

Wir müssen uns klar machen und nach außen vertreten, dass es für Glaubenserfahrungen auch eines institutionellen Rahmens bedarf. Es ist nicht umsonst, dass im dritten Glaubensartikel …

… „Ich glaube an den heiligen Geist, die eine heilige, katholische (allgemeine) Kirche“ …

… diese konkrete Kirche einbezogen ist. Sie ist eine Realität, die dem Geist Gestalt gibt. Gestaltloses Christsein ist Schwärmerei.

Sind Sie manchmal neidisch auf die katholischen Brüder und Schwestern, bei denen die kirchliche Gestalt klarer, weil hierarchischer scheint?

Überhaupt nicht. Ich muss nur, vielleicht da tatsächlich etwas neidisch, anerkennen, dass es in der katholischen Kirche noch eine größere Treue zur Gemeinschaft gibt als in der evangelischen Kirche.

Hat sich in der evangelischen Kirche das synodale Prinzip bewährt?

Ja, es hat sich in ganz unterschiedlichen Situationen und zu ganz verschiedenen Zeiten bewährt. Vor allem im Deutschland des Nationalsozialismus. Wir haben entdecken müssen, dass das Führerprinzip ins Unglück geführt hat. Die Geschichte der Bekennenden Kirche …

… die sich gegen die nationalsozialistisch gleichgeschalteten „Deutschen Christen" unter ihrem späteren Reichsbischof Ludwig Müller 1934 gebildet hatte …

… ist ein Ausweis dafür, wie hilfreich es ist, dass Gemeinden sich synodal strukturieren. Es ist eine bewährte Form, die die Fülle der Gaben wirksam sein lässt. Ämter werden auf Zeit übertragen und die Verantwortlichkeit innerhalb von Gemeinde und Kirche auf verschiedene Menschen verteilt.

Das ist das Ideal. Aber wenn Menschen zusammensitzen und entscheiden können, Macht haben, kann es auch heftig menscheln.

Auch in der evangelischen Kirche bewahrt die Teilung von Macht nicht vor der Machtsucht. Aber stellen Sie sich vor, was es bedeuten würde, wenn wir mit mittelmäßigen bischöflichen Strukturen zu tun hätten, wenn ein auf Lebenszeit geweihter Bischof so umstritten agiert, dass er abgesetzt gehört, was in einem hierarchischen System nur sehr schwer möglich ist.

Vollkommene Strukturen findet man nicht. Aber unsere synodale Form hat sich bewährt. Und zwar gerade dann, wenn wir auch im Blick auf unsere Kirche an einer alten reformatorischen Erkenntnis festhalten, dass Bischöfe, Konzilien und Synoden auch irren können.

Sie geben dem Heiligen Geist Chancen in den synodalen Strukturen?

Er sucht sich schon die Menschen, durch die, mit und in denen er seine Kirche verwirklicht; Menschen, die sich korrigieren, bremsen, die sich hüten vor dem Überschäumenden und damit auch einer gewissen Nüchternheit Platz schaffen.

Nüchternheit oder auch dem Zeitgeist verfallen können und ihm Raum geben?

Nüchternheit ist nötig, wie der Apostel Paulus sagt: besser etwas mit fünf Worten sagen als mit tausend Zungen. Zeitgeist ist das nicht.

Sie wehren sich gegen den Zeitgeist. Ein Beispiel aus den vergangenen Jahrzehnten, in denen zeitgeistige Diskussionen breiten Raum in den synodalen und kirchlichen Gremien gefunden haben, war die Auseinandersetzung um die Kindertaufe.

Zu Beginn der siebziger Jahre haben wir und auch andere Landeskirchen diese auf verschiedenen Ebenen geführt. Zum einen auf der Ebene des Dienstrechtes. Es gab Pfarrer, die sich weigerten, Kinder zu taufen. Das empfand die Mehrheit in unserer Landeskirche als ein Verlassen der kirchlichen Gemeinschaft, denn die Frage von Kinder- und Erwachsentaufe ist auch eine Bekenntnisfrage. In unseren lutherischen Bekenntnisschriften wird die Kindertaufe vorausgesetzt. Im Heidelberger Katechismus, unserer reformierten Bekenntnisschrift, heißt es, dass Kinder wie ihre Eltern zum Volke Gottes gehören. Und darum werden die Kinder getauft.

Die „kirchenamtliche Seite" ist die eine. Heftig wurde die Diskussion aber vor allem geführt, weil man die Kinder nicht bevormunden solle, so die Gegner der Kindertaufe, ideologische Vergewaltigung wurde angezeigt – das waren doch sehr zeitgeistige Diskussionen – von heute aus betrachtet.

Es ging um die Frage, ob die Art und Weise, wie man in der Volkskirche Kinder tauft, seelsorgerisch zu verantworten sei. Die Kämpfer gegen die Kindertaufe spotteten, viele Eltern und Großeltern verstünden die Kindertaufe als eine Art Schluckimpfung. Man erwarte eine Art magischer Wirkung von der Taufe, aber eine Glaubensentscheidung der Täuflinge bleibe aus. Bei der volkskirchlichen Praxis werde nicht klar, dass in und durch die Taufe Gemeinde existiere und sich konstituiere. In der rheinischen Landeskirche ist der Streit dadurch befriedet worden, dass wir in der Kirchenordnung der Kindertaufe die gleiche Gewichtung zugesprochen haben wie der Erwachsenentaufe. Auch Pfarrer, die ihre eigenen Kinder nicht taufen lassen, sind verpflichtet, die Kinder anderer Eltern zu taufen. Die Presbyterien können entscheiden, ob sie einen Pfarrer einstellen, der seine eigenen Kinder nicht tauft. Mit dieser Praxis sind wir gut gefahren in den letzten dreißig Jahren. Ein Streit um die Kindertaufe ist nicht in Sicht.

Wenn das keine Zeitgeist-Diskussion ist …

Eine solche Diskussion um den Zeitgeist ist doch nicht schlimm. In der Geschichte der Kirche können Sie das über zweitausend Jahre sehen: Geschichtliche Entwicklungen, geistliche Strömungen, Zeitgeist-Strömungen, haben sich zu allen Zeiten auf die Gestaltung von Kirche und die konkrete Ausrichtung des Wortes ausgewirkt. Es gehört zur Leiblichkeit der Christenheit, dass sie ihr Verhältnis zu Gott immer auch in der Sprache und im Gewand der jeweiligen Zeit ausdrückt. Mit der Heiligen Schrift können wir uns immer wieder rückbesinnen und korrigieren. Es ist nötig zu bedenken, auf was sich die Menschen damals schon bezogen haben.

Wie lässt sich das in konkretes Handeln umsetzen?

Ich habe in den fünfzig Jahren, seit denen ich mit dieser Botschaft unmittelbar zu tun habe, manches neu gelernt, habe manche Fragen stellen gelernt, die ich früher so nicht gestellt habe. Und manche Fragen, die ich früher gestellt habe, stellen sich heute nicht mehr so. Trotzdem gibt es ein Kontinuum, eine Identität zwischen dem, von dem ich ausgegangen bin, und dem, wo ich jetzt bin.

Aus der Erfahrung des EKD-Ratsvorsitzenden ...

... zur Medienpräsenz der Kirche – zur doppelten Moral in der Politik – zur Rolle der Kirche in der Demokratie – zur kirchlichen Öffentlichkeitsarbeit

Sie waren als EKD-Ratsvorsitzender gern gesehener Gast in Fernsehtalkshows, bei politischen Empfängen. Mein Eindruck ist, dass Kirche im Geschäft der öffentlichen Meinung immer weniger wahr- und ernst genommen wird in der nachchristentümlichen Gesellschaft.

Das sehe ich überhaupt nicht so. Kirche wird sehr wohl gehört.

Als Exot vor der eigenen Haustür.

Sie weisen mit einem gewissen Recht auf einen Widerspruch hin. Einerseits erlebe ich bei den Verantwortlichen in Politik und Wirtschaft, dass sie Hände ringend Gesprächspartner suchen in den Fragen einer Werteordnung. Denn sie erleben, dass sich die Globalisierung verselbstständigt, dass, biblisch gesprochen, wie beim Turmbau zu Babel, sich die Sprachen und Werteordnungen vermischen, die Verständigungsschwierigkeiten zunehmen. Die meisten Menschen merken nicht mehr, welchen Götzen sie nachlaufen. In dieser Situation suchen die Verantwortungseliten in Staat, Wirtschaft und Gesellschaft die Kirchen als Gesprächspartner, die ihnen helfen sollen, diese Situation zu bewältigen.

Ob sie die Kirchen allerdings wegen ihrer inhaltlichen Positionen suchen oder wegen der Kultur des Dialogs, die die Kirche entwickelt hat, das gilt es tatsächlich zu hinterfragen. Ich erlebe es bei inhaltlichen Positionen der Kirche, dass manche unserer Gesprächspartner wohl gesprächswillig, aber nicht gesprächsfähig sind. Ich bemerke das auch deshalb, weil uns gerade als Kirche häufig vorgeworfen wird, wir seien mit unserer Sprache nicht in der Lage, uns in der Welt verständlich zu machen oder die Welt sprachlich zu begreifen. Ich glaube, dass das vor allem auch umgekehrt gilt. Ich erlebe bei manchen unserer Gesprächspartner eine sprachliche Verwirrung, die von einer Kultur- und Geistvergessenheit zeugt, die dringend des Geistes bedarf.

Sind die Interessen für einen Dialog auf Augenhöhe nicht doch zu unterschiedlich? Die einen, Politiker und Wirtschaftler, diskutieren kurzfristig mit Blick auf die kommende Wahl oder die jährliche Aktionärsversammlung, während die Kirchen langfristig mit Blick auf Menschenwürde und global geltende soziale Gerechtigkeit diskutieren? Zwei sehr unterschiedliche Grundhaltungen im Gespräch.

Manchmal kann man förmlich spüren, dass manche Menschen wenig Neigung haben, ernsthaft über das nachzudenken, was ihnen von kirchlicher Seite vorgetragen wird. Auf der anderen Seite gibt es aber doch sehr viele, die immer wieder Fragen stellen und ihre Ratlosigkeit zu erkennen geben. Das tun sie meist nicht in der medialen Öffentlichkeit. Offenbar ist es für Politiker tödlich einzugestehen, dass sie sich geirrt haben.

Nur ein Beispiel: Die Kirchen, evangelische wie katholische, haben vor dem Irak-Krieg 2003 gewarnt und ihn als moralisch nicht gerechtfertigt verurteilt. Dieser Krieg entsprach nicht der ethischen Definition eines Krieges als „ultima ratio", als äußerstes politisches Mittel. Ausdrücklich haben wir uns wie die Bundesregierung gegen diesen Krieg ausgesprochen. Die Opposition dagegen hat darauf gedrungen, deutsche Politik dürfe es sich nicht mit den US-Amerikanern verderben. Jetzt, nachdem eineinhalb Jahre später das Desaster offenbar geworden ist, kann ich mich nicht triumphierend freuen, dass nun das, was wir befürchtet haben, als Schrecknis eingetreten ist: eine Katastrophe für die Menschen im Irak. Aber wie gehen unsere Politiker und Politikerinnen, die in ihrer pro-amerikanischen Haltung den Krieg bejaht haben, nun damit um? Ihre damaligen Äußerungen sind dokumentiert. Sie eiern herum, sie drücken sich, die Verantwortung für ihre damalige Haltung zu übernehmen. Ich würde sehr gerne in diesem Zusammenhang von verantwortlichen Politikern einmal hören: Ich habe mich geirrt.

Wissen Sie, in Köln gibt es ja eine große Sympathie für den alten Adenauer. Ich teile diese Sympathie nicht in jeder Beziehung, aber ich habe hohe Achtung vor seiner Fähigkeit zur Selbstkritik. Er konnte den Leuten sagen: Man muss das Recht haben, sich auch einmal geirrt zu haben und sich eines Besseren belehren zu lassen. Das erlebe ich heute bei vielen Politikern überhaupt nicht.

Woran liegt das?

Die Unfähigkeit, Schwäche einzugestehen, entsteht aus der Angst heraus, dass die Medien und die oppositionellen Parteien und Politiker das auskosten und im politischen Kampf wieder zuschlagen. Und das gibt es auf allen politischen Seiten. Erkenntniszuwachs scheint im gegenwärtigen politisch-gesellschaftlichen Klima nicht vorgesehen zu sein. Stattdessen wird einem Mann wie Joschka Fischer sein Leben lang nachgetragen werden, er sei zu lange mit Turnschuhen herumgelaufen und habe Steine geschmissen.

Eine doppelbödige Moral: Persönliches wird geahndet, politische Fehlentscheidungen der moralischen Bewertung enthoben. Politiker stürzen heute schneller über privat eingelöste und dienstlich erworbene Freiflugmeilen als über eine politische Fehlentscheidung.

Die persönliche Vorteilsnahme wird moralisch sehr hoch bewertet. Aber wenn jemand Millionen Mark an juristischen Regelungen vorbei für seine Partei verwendet hat, scheint dem von manchen ethisch wenig Bedeutung beigemessen zu werden. Die Moral des Privatlebens wird sensibler registriert als die Fragen der öffentlichen Moral.

Und die Kirche in dieser Situation …

… hat den Staat an seine Verantwortung zu mahnen, für Frieden und Gerechtigkeit zu sorgen, denn das ist seine vordringliche Aufgabe.

Eine prophetische Aufgabe?

Ich beziehe das gerne auf die Barmer Theologische Erklärung von 1934, in der unsere Kirche das als ihren Auftrag ausdrücklich bekannt hat. Das prophetische Amt besteht nicht darin, Spekulatives über die Zukunft zu sagen, sondern den Staat in die Pflicht zu nehmen, zu mahnen, ob's die Leute hören wollen oder nicht. Und es kann sein, dass wir schwächer geworden sind in unserer Ausdrucksmöglichkeit. Es kann aber auch sein, dass die Leute ihre Ohren verstopft haben.

Alttestamentarisch gesprochen: Ist die Kirche mehr in der Rolle des Hofpropheten, des Kultpropheten oder des frei berufenen Propheten, der mit prophetischen Zeichenhandlungen den Mächtigen ins Angesicht Umkehr und Neuanfang predigt?

Unsere prophetische Aufgabe als Kirche ist diese: Die Kirche hat die Gestalt eines weltlichen Organismus, einer Institution, und wir können deshalb nicht vom hohen Ross auf andere herunterreden, sondern sind in dieses konkrete politische und gesellschaftliche System eingebunden. Insofern sind wir auch ein wenig in der Rolle des Hofpropheten. Aber die Hofprophetie des Alten Testamentes durfte dem König nur gutes Wetter ansagen und hatte ihm zu helfen, dass er akzeptiert und wohlgelitten war. Wir aber haben auch die unbequemen Wahrheiten zu sagen, zu erinnern an die Grundfragen der sozialen Gerechtigkeit, des solidarischen Umgangs miteinander. Ich habe mich als Ratsvorsitzender sehr stark für einen sozialpolitischen Reformprozess in unserem Land eingesetzt und bin dafür von manchem in unserer Kirche kritisiert worden, ich hätte der Regierung Schröder den Rücken gestärkt, den „kleinen Leuten ans Portemonnaie zu gehen“. Solche Kritik muss ich dann hinnehmen und akzeptieren, dass es auch innerhalb unserer Kirche eine legitime Meinungsvielfalt gibt. Aber der Reformprozess ist nicht damit zu Ende, dass man den Leuten zumutet, vierteljährliche Patientenbeiträge zu leisten und ihre Altersersparnisse aufzuzehren. Wir müssen einschärfen, dass das soziale System denen besondere Verantwortung auferlegt, die mehr leisten können als die anderen. Davon lasse ich, davon lassen wir als Kirche nicht ab.

Ist das dann nicht doch die Rede vom hohen Ross?

Nein, denn wir verlangen das ja nicht von irgendwem, sondern vor allem von den Christen in unserem Land. Die Aufgabe der Kirche, besser noch: die Aufgabe der Christen in der Gesellschaft besteht darin, Verantwortung zu übernehmen. Christen und Christinnen, die in der Politik mitarbeiten, bestärken wir als Kirche, dass sie diese Verantwortung entschieden wahrnehmen können.

Das können wir als prophetisches Instrument aber nicht, ohne Position zu beziehen. Wir bieten nicht nur ein Gesprächsforum, nicht nur allgemeine Unterstützung. So haben wir in den Fragen des Einwanderungsrechts sehr klare Vorstellungen entwickelt. Dann hat sich herausgestellt, dass die Politik angesichts der politischen Kräfteverhältnisse …

… zwischen der Kanzler-Mehrheit von SPD und Bündnis 90/Die Grünen im Bundestag und CDU/CSU-dominiertem Bundesrat …

… in einer paralysierten Situation war, was die Zuwanderungspolitik betraf, und wir haben darauf gedrängt, dass zumindest ein vernünftiger Kompromiss zustande kommt, der besser ist als dic Situation, die wir bis dato hatten. Damit ist schon eine ganze Menge erreicht.

Ohne verhindern zu können, dass Einwanderungspolitik heute vor allem mit Blick auf die innere Sicherheit definiert wird.

Wir können warnen, sind aber als Kirche nicht Entscheidungsträger.

Und werden mit Blick auf die Mitgliederzahlen und aktiven Gemeindeglieder zukünftig eher ein politisches Leichtgewicht?

Wir werden nicht der Versuchung erliegen, uns in den Winkel zu verziehen, nur weil wir zahlenmäßig kleiner werden, denn die Botschaft, die wir zu verkünden haben, ist keine Botschaft für die Nischen, sondern eine Botschaft, die von den Dächern verkündigt werden muss. Solange wir in der gesellschaftlichen Situation leben, in der Kirchen sich öffentlich artikulieren können, in der die Religionsfreiheit sich nicht nur auf die privaten Möglichkeiten des Einzelnen beschränkt, sondern auch die Chancen der Kirche einschließt, sich als Institution an den Diskursen zu beteiligen und in die gesellschaftlichen Debatten einzumischen, solange haben wir eine prophetische Aufgabe. Und die wird von den Menschen sehr wohl zu Kenntnis genommen.

Als dieses schreckliche Geschehen in Erfurt passierte …

… der Amoklauf eines Schülers in seiner Schule …

… da ist in einer Stadt, in der die Christen, katholisch wie evangelisch, in einer Minderheit sind, eine Dichte und Sensibilität entstanden für das, was Kirche anbieten kann als Ort der Sammlung und der Stellvertretung für eine sprachlose Gesellschaft. Darum mache ich mir gar keine Sorgen, dass wir in vergleichbaren Situationen nach wie vor Kräfte entfalten können. Dass der Umschwung in Osteuropa Ende der achtziger Jahre so gewaltlos über die politische und geschichtliche Bühne gegangen ist, das verdankt sich wesentlich – mag man Herrn Gorbatschow in Moskau oder Johannes Paul II. in Rom oder Herrn Kohl in Bonn oder wem auch immer ihre Anteile am historischen Gesamterfolg neidlos zugestehen – den Gebeten in der Kirche und den Kerzen, die man aufgestellt hat.

Den Pastoren in Talaren bei den Demos in Leipzig und anderswo …

… die eben nicht eine Stimmung aufgeheizt, sondern moderiert, Rachegefühle kanalisiert und den Versöhnungsprozess unterstützt haben. Und das aus der Position einer Minderheitenkirche heraus. Diese Kirche wird auch in Zukunft Gelegenheiten finden, in denen sie stellvertretend so agieren kann. Diese Kirche wird in ihren Reihen Menschen finden, die sich in die Risse der Gesellschaft stellen.

Aus welcher Wahrheit heraus?

Aus der Wahrheit, dass Gott sich in den Riss gestellt hat. Denn das Motiv kirchlichen Handelns ist, dass jeder nicht für sich ist, sondern dass so, wie Gott für ihn ist, jeder für den anderen sein kann. Dieser Weg des angenommenen, versöhnten Menschen macht unsere Stärke und unsere Kraft aus. In den 80er Jahren, zur hohen Zeit der Friedensbewegung, hat das Robert Jungk, einer der großen atheistischen Mitstreiter, so formuliert: Was die Christen auch für uns Atheisten einbringen in den Kampf um den Frieden und die Gerechtigkeit, das ist ihr Durchhaltevermögen. Sie haben mehr Kraft durchzuhalten, als die anderen.

Sie haben die Funktion und Aufgabe der Kirche unter dem Aspekt der Stellvertretung, der institutionellen Verankerung der Botschaft des Evangeliums in der Welt, in einer inkarnatorischen Perspektive gezeichnet. Kirche ist in ihrem gesellschaftlichen Engagement besonders herausgefordert an den gesellschaftlichen, kollektiven Grenzmarken des Lebens. Sie haben die Feier Ihres 65. Geburtstags nach den Terroranschlägen von Washington und New York 2001 abgesagt. Greift in solchen Situationen noch die zweite Grunddimension christlicher Verkündigung, die Botschaft vom Kreuz?

Nur sie. In ihrer ganzen Sprachlosigkeit. Die Geschichte vom Kreuz ist sehr vielschichtig. Die Jünger fliehen vor lauter Angst. Unser Schweigen, Verleugnen, Verraten, Wütend- und Hämisch-Sein, unsere Rat- und Hilflosigkeit – all das wird vorweggenommen in der biblischen Geschichte um die Kreuzigung Jesu. Deshalb ist es für mich kein Zufall, dass angesichts solcher Ereignisse wie dem 11. September, wie dem Massaker in Erfurt, die Menschen sich wieder erinnern oder nach Erinnerungen suchen, selbst wenn sie das Ziel dieser Suche nicht mehr artikulieren können, weil ihnen das Glaubenswissen fehlt. Denn sie spüren einer Sprache und einer Erfahrung nach, die all das in sich aufgenommen haben und widerspiegeln, was sie jetzt empfinden.

Was ist auf das Geschehen des 11. Septembers denn die Antwort des Kreuzes?

Diese alten Fragen: Warum geschieht das eigentlich? Warum kommt dieses Leid über die Menschen? Dieses unverhoffte, dieses durch nichts zu begründende Leid? Ich bin überzeugt, dass diese Fragen nur im Spiegel der Kreuzerfahrung gedeutet werden können, in einer doppelten Hinsicht. Zum einen wird da die ganze Brutalität und Realität des Bösen deutlich und zum anderen ist darin nicht das Ende der Menschheit beschlossen. In der Kreuzigung selbst liegt der Keim für eine neue Perspektive, der Keim der Hoffnung.

In dem Geschehen des 11. September wird auch die Bosheit deutlich. Nicht eine Bosheit auf der Achse des Bösen, sondern eine Bosheit in uns selbst, in den Menschen. Wir neigen dazu, Geschichte nach dem Muster zu interpretieren, als sei das Böse erst die Folge von Ungerechtigkeit, Armut und Elend.

Das war ja auch ein Credo der Friedensbewegung und der sozialen Bewegung in den achtziger und neunziger Jahren, dass erst die Umstände und die Erziehung uns gewalttätig und ungerecht machen?

Aber ich betone, dass es das Böse ist, das auch die sozialen Bedingungen prägt. Das Kreuz macht deutlich, dass das Böse ein Bestandteil menschlichen Sinnens und Trachtens ist. Es führt dazu, dass Ungerechtigkeiten entstehen und Menschen Gerechtigkeit vorenthalten wird. Am 11. September können Sie sehen, dass die Leute von al-Qaida, die die Flugzeuge entführt und als Terrorwaffen missbraucht haben, nicht arme Verzweifelte gewesen sind, sondern gebildete Menschen aus bürgerlichen Kreisen. Die Massen, die al-Qaida anschließend mobilisiert hat, das sind oft Arme, denen das Deprimierende ihrer Lage mit Feindbildern und islamistischer Ideologie erklärt wird.

Müssen wir also mehr das Böse in uns als die ungerechten Strukturen in der Welt bekämpfen?

Die Konsequenz darf nicht sein, jetzt abstrakt das Böse zu bekämpfen. Wir können es immer nur punktuell an seinen Äußerungen bekämpfen. Wir brauchen eine bessere Politik, aber wir müssen auch versöhnter miteinander umgehen, wir müssen durch bessere Bildung auf eine vernünftige und gerechte Politik hinwirken und in unseren Familien müssen unsere Kinder besser erzogen werden. Die Spuren von hunderttausend Jahren Hordenleben sind an uns Menschen noch deutlich festzustellen. Wenn wir erleben, wie auf Schulhöfen Kinder aufeinander herumtreten, dann können wir nicht allein die Medien und ihre Gewaltdarstellungen dafür verantwortlich machen, sondern müssen eingestehen, dass wir die Kinder nicht zur Fairness erzogen haben. Wir haben offensichtlich die einfachen Regeln, dass man einen, der am Boden liegt, nicht mehr treten darf, dass man keinen unter die Gürtellinie hauen darf, nicht vermittelt. Wahrscheinlich sind es die einfachen ethischen Regeln, die wieder eingeschärft werden müssen, um das Böse ein wenig zu dämmen.

Also keinen Exorzismus, sondern eine Kultur der Gerechtigkeit?

Genau die. Und eine Kultur der Rücksichtnahme.

Den zweiten Moment Ihrer Kreuzestheologie mit Blick auf den Terror von al-Qaida haben Sie mit „Keim der Hoffnung" bezeichnet.

Keim der Hoffnung, weil ich gerade im Bild des Gekreuzigten nicht nur den Ausdruck des Schreis: „Mein Gott, mein Gott, warum hast du mich verlassen?" erkenne, sondern sich mein Blick auf das „Es ist vollbracht" weitet, im Sinn einer Vollendung, des Inbegriffs dessen, was Gott selbst darstellt in Jesus Christus. Es gibt diese Identität des Kreuzes mit dem Leben. Damit hängt die biblisch geschilderte überwältigende Erkenntnis des ungläubigen Thomas zusammen, die er in die Worte fasst: „Mein Herr und mein Gott." Das ist die andere Seite der Theologie des Kreuzes, die es zu verkündigen gilt. Menschen, die die Solidarität des Gekreuzigten in ihren eigenen Leiden erleben, begreifen auch die Leben schaffende Kraft des Kreuzes in den schweren Ereignissen von Terror, Leid und Tod.

Diese beiden Dimensionen der Kreuzestheologie lassen sich öffentlich schwierig vermitteln. Gerade Sie haben aber, schon in Ihrer Zeit als Kölner Stadtsuperintendent dafür geworben, dass sich Kirche mit ihrer Botschaft nicht versteckt, sondern provokant, durchaus mit Mitteln der professionellen PR, auf die eigenen Anliegen und die eigene Botschaft aufmerksam macht.

Werbung und PR, wie Sie es nennen, helfen dann, wenn man die Leute nicht beschwätzt, sondern die eigene Botschaft klar ausspricht. Das ist nach wie vor meine Überzeugung. Ich muss über die Botschaft sprechen, ich muss sie hinaustragen, muss sie veröffentlichen. Allerdings ist letztlich entscheidend, welche Personen diese Botschaft tragen.

Bedeutet das Vorfeldarbeit über Medien, Werbung und Plakate, aber das Eigentliche ist der Pfarrer zum Anfassen?

Gebetsfähnchen, Plakate alleine reichen nicht aus, es braucht die leibhaftige Begegnung. Aber beides gehört zusammen und lässt sich nicht in der Weise trennen, dass das eine das Vorfeld und das andere das Eigentliche ist. Die Menschen bekommen ja durchaus Leibhaftiges vermittelt in den Medien. Das mediale Ereignis selbst ist etwas Lebendiges, etwas Kraftvolles, denn dort sind Menschen zu erleben, die für etwas stehen und einstehen.

Also Präses Kock bei Sabine Christiansen ist bereits wirksames PR-Instrument und Mission?

Das kommt dann immer noch darauf an, was ich bei Sabine Christiansen, um bei Ihrem Beispiel zu bleiben, zustande bekomme, wie ich die Gelegenheit und die Möglichkeiten des Mediums nutze und mich auch selber inszeniere.

Als Kirche haben wir zudem bei den öffentlich-rechtlichen und auch bei den privaten Sendern Möglichkeiten, unsere Botschaft zu vermitteln, in Gottesdienstübertragungen, in Andachten zum Tag, mit geistlichen Fernsehclips und so weiter. Das sind Mosaiksteine im gesamten Wahrnehmungsgefüge der Kirche in der medialen Öffentlichkeit.

Wir setzen diese PR-Instrumente oft sehr professionell ein. Das ist die Stärke. Wenn die Leute aber dann vor Ort auf Kirchenleute treffen, erleben sie manchmal etwas anderes. Das ist unsere Schwäche. Bei der Öffentlichkeitsaktion „Misch dich ein", die wir Anfang der neunziger Jahre in Köln durchgeführt haben, mussten wir genau damit kämpfen. Wir hatten ein starkes Konzept. „Misch dich ein" stand auf großen Transparenten, Bannern, Plakaten und sollte den Leuten klar machen: Du Mensch, der du dich möglicherweise von der Kirche längst entfernt hast, bleib nicht auf Distanz, komm rein, denn du bist eingeladen, dich wieder in der Kirche, in der Gemeinde einzumischen, die Kirche hat Interesse an dir, und sie hat eine Botschaft, die dir gilt. Das war stark. Die Schwäche des Konzepts war, dass wir innerkirchlich die Gemeinden und die kirchlichen Mitarbeiter nicht genügend vorbereitet haben, dass da tatsächlich welche kommen könnten, die kritisch schauen und mitmachen wollen.

Die plötzlich eigene Ideen und Interessen hatten.

Ein Beispiel für diese mangelnde binnenkirchliche Flexibilität: Nach einem Vortrag erzählte mir jemand, wie er mit einer großen Gruppe von Touristen eine Kirche besichtigt hat, bis dann der Küster gekommen ist und die Leute gebeten hat, die Kirche zu verlassen, weil gleich der Gottesdienst beginne, statt sie einzuladen am Gottesdienst teilzunehmen. Wir trennen häufig die Einblicke, die wir gewähren, von dem Eigentlichen, was uns als Kirche im Tiefsten und Innersten bewegt. Wenn es uns gelingt, davon mindestens einen kleinen Teil zu vermitteln, dann können die Leute immer noch sagen: Nein, das ist nichts für mich. Aber sie können sich entscheiden, und sie können dann nicht mehr sagen, du hast mir eine Fassade vorgestellt, du hast mich mit Billigangeboten in einen Laden hineingelockt, der eigentlich ganz etwas anderes will. Wir müssen ehrliche Werbung machen und als Personen dahinterstehen.

Fällt das einem EKD-Ratsvorsitzenden als öffentliches „Gesicht" von 26 Millionen evangelischen Christen nicht einfach auch deshalb leichter als dem Dorfpastor oder der Pfarrerin in der Stadt, weil er immer wieder in den Medien seinen Platz hat?

Ich glaube, dass die Ortsgemeinden mit ihren Pastoren und Pastorinnen in den Winkeln dieser Republik durchaus auch mediale Möglichkeiten haben. Sie müssen vielleicht gar nicht im Fernsehen vorkommen, aber präsent sein auf dem Wochenmarkt, sie müssen um die Themen der Stadt- oder Dorfgespräche wissen. Sie müssen selbst gekannt werden.

Also nicht die Nische suchen, sondern den Marktplatz?

Das ist eigentlich das ganze Geheimnis des schwierigen Verhältnisses von Kirche und Öffentlichkeit. Wir meinen, die Leute wüssten doch, wo die Kirche zu finden ist, und wenn sie etwas wollten, könnten sie doch kommen. Bei einer solchen Haltung müssen wir uns nicht wundern, wenn diese Kirche nicht mehr wahrgenommen wird und leer bleibt.

Die Kirche braucht Menschen, die auf den Markt gehen, auf den Markt nicht im Sinne des Kaufens und Verkaufens, sondern im Sinne der Öffentlichkeit. Im antiken Griechenland war der Marktplatz, die Agora, nicht in erster Linie der Platz, wo man gehandelt hat, sondern wo man sich versammelte, wo die politischen Entscheidungsprozesse stattfanden. Die Präsenz vor Ort ist nicht in erster Linie abhängig von medial häufig gezeigten Gesichtern, so schön und wichtig das auch ist, wenn es mal gelingt, irgendwo öffentlich in den Medien für eine Sache zu stehen und mit ihr identifiziert und akzeptiert zu werden.

Haben diese bundesweite Medienpräsens des EKD-Ratsvorsitzenden eigentlich auch die regionalen Bischöfe, Präsides und Kirchenpräsidenten akzeptiert?

Wir haben keine regionale Quoten-Ideologie in der EKD. Meine Kolleginnen und Kollegen auf der Ebene der Landeskirchen waren nie eifersüchtig. Sie haben akzeptiert, dass, solange ich dieses Amt bekleidete, ich in den Medien häufiger in Erscheinung trat. Außerdem nutzen die Landesbischöfe und Kirchenpräsidenten die regionalen Rundfunkanstalten. Schalten Sie den Bayerischen Rundfunk ein, und Sie sehen häufig Bayerns evangelischen Landesbischof Dr. Johannes Friedrich.

Als Mensch und Theologe …

… zu seinen Stärken und Schwächen – zum Verhältnis von Christsein und Gegenwartskunst – zur Perspektive des Alters

Ihnen wurde schon vor der Wahl zum EKD-Ratsvorsitzenden moderatives, kommunikatives Talent nachgesagt. Was empfinden Sie sonst noch als Stärken?

Das sind so diese Psycho-Fragen … (lacht)

Ich versuch's nochmal für den Theologen. Sie betonen, dass entscheidend nicht ist, ob die Leute zur Zeit Jesu das Kreuz verstanden, sondern wo sie standen. Unter den Jüngerinnen und Jüngern der letzte Tage Jesu, beim Kreuz, wo stehen Sie? Mit wem identifizieren Sie sich?

Ich sehe mich genauso als eine der Frauen oder den Lieblingsjünger Johannes in ihrer Verehrung wie als Petrus in seiner Angst, die ihn zur Verleugnung Jesu treibt. Oder in denen, die weglaufen. Wahrscheinlich gehöre ich auch zu den Soldaten, die um den Besitz der Habseligkeiten Jesu würfeln. Ich empfinde zwar keine Lust bei Quälereien, aber lasse Qualen zu in dieser Welt und rechtfertige es oft genug damit, man könne eh nichts daran machen. Mit dieser Haltung bin ich einer aus der zuschauenden Masse, die darauf wartet, dass sich diese Tragödie irgendwie löst, dass einer vom Himmel herabsteigt und es regelt. Das gehört zu meinem persönlichen Menschsein dazu, obwohl ich mich gerade durch die Geschichte der Kreuzigung Jesu immer wieder aufgerufen fühle, das zu durchbrechen.

Gelingt das?

Das eine Mal bin ich plötzlich mutiger, als ich es mir selbst vorher zugetraut habe. Ein anderes Mal sage ich mir hinterher: Du hättest deutlicher reden müssen.

Sie beschreiben sich als Beobachter, andere sehen Sie aber auch als Macher, als, ich zitiere die Süddeutsche Zeitung, „Gaul vor der Deichsel".

Sicherlich schaue ich nicht nur zu, sondern mache auch ziemlich viel, das ist eine andere meiner Schwächen. Ich versuche der Seite des Zuschauens mit der des Anpackens zu begegnen und lasse mich in die Pflicht nehmen.

Sind Sie ehrgeizig?

Nicht in dem Sinn eines Ehrgeizes um der Karriere willen. Eher in dem Sinn, dass ich ein überzeugendes Ergebnis erzielen möchte.

Sind Sie ein frommer Mann?

Das hat sich in meinem Leben unterschiedlich dargestellt. Ich habe in meiner Jugend eine gute fromme

Phase gehabt, die immer wieder präsent wird. Alltäglich brauche ich Schriftlesung und Gebet. Ist das fromm?

Das frage ich Sie.

Frömmigkeit ist nicht nur das Üben einer bestimmten Praxis, sondern es ist die behutsame Haltung, zu warten, sich zu öffnen, nichts übers Knie zu brechen, sondern zu wissen, dass etwas reifen muss in mir selbst und meiner Erkenntnis.

Und dann erlebe ich meine Ungeduld, möchte an den Grashalmen, die wachsen, ein bisschen zupfen, damit sie schneller kommen. Aber das hilft alles nichts.

Frömmigkeit heißt zu üben, die Ungeduld zu überwinden und in eine Haltung der Geduld zu kommen. Vielleicht ist das die Chance für die letzte Phase meines Lebens, die ich jetzt angetreten habe, darin ein Stückchen weiterzukommen. Ich hatte einen Freund, der sagte, als er in dieses Alter des Ruhestands hineinkam, es sei für ihn die Einübung in den ewigen Sabbat. Das finde ich nach wie vor ein schönes Wort.

Sabbat ist ja auch die Zeit der Lektüre, der Schriftlesung.

Die Bibel lese ich seit Jahrzehnten regelmäßig. Bei der sonstigen Lektüre bin ich noch nicht so recht wieder angekommen in der von Ihnen beschriebenen Haltung. Zeitschriften und Materialien lese ich noch genauso konzentriert, eilig und beinahe hektisch wie bisher. Früher, vor meiner Zeit als Präses, habe ich in den Urlaub immer etwas mitgenommen, das mich über eine längere Zeit beschäftigt hat, eine Zeit lang war das Goethe, denn ich treffe mich zwei- bis dreimal im Jahr in Wetzlar mit einem Kreis, in dem wir uns mit Goethe beschäftigen.

Neben der frommen und der literarischen Seite hat Sie in all den Jahren die Verbindung von bildender Kunst und Kirche interessiert.

Ich hatte immer ein Interesse für Gestaltung. Aber erst recht spät habe ich durch die Begegnung mit einem Jesuitenpater in Köln, Friedhelm Mennekes, Zugang zur Gegenwartskunst gefunden. Die Begegnung mit der Gegenwartskunst hat meine Sichtweise von Kunst nachhaltig verändert.

Ich habe vorher Kunst entweder im Sinn der Dekoration von Kirchenraum oder als Illustration, gleichsam als Bilderbibel für die Armen, verstanden. Heute verstehe ich es anders. Gerade die modernen Formen künstlerischer Aussagen überwinden die Deutung biblischen oder geistlichen Geschehens. Sie treten in einen spannungsvollen Diskurs mit den geistigen Überlieferungen. Mich auf Kunst einzulassen, das hat auch etwas Bilderstürmerisches, denn meine Vorstellungen werden nicht fixiert, sondern überwunden. Das habe ich gerade durch Friedhelm

Mennekes in den vergangenen Jahren neu entdeckt und gelernt.

Posthum muss ich deshalb meinem ehemaligen Kunstlehrer in der Schule Abbitte leisten, der mühsam den Versuch unternommen hatte, uns an die abstrakte Kunst, an Paul Klee, den Kubismus, an Pablo Picasso und Fernand Léger heranzuführen. Wir haben ihn damals nicht ganz ernst genommen. Wir waren verdorben von den noch wirksamen Klischees der Generation unserer Eltern, die moderne Kunst mit dem Nazi-Verdikt der „entarteten Kunst" belegt hatten.

Später schloss sich dann der Bogen zum Bemühen des Kunstlehrers?

Mein Kunsterleben heute schließt an das an, was unser Kunsterzieher damals an Grund bei mir gelegt hat. Ich erinnere mich zum Beispiel an einen Spruch noch nach fünfzig Jahren. Er zitierte Paul Klee: „Die Wahrheit liegt in der Natur. Nur wer sie herausreißen kann, der hat sie." Dieses Wort ist mir immer präsent geblieben und zeigt mir, dass ich trotz allen Unverständnisses doch schon als Schüler darüber hinaus war, zu denken, Kunst bestehe nur darin, eine äußere Wirklichkeit abzubilden, sei ausschließlich Dekoration oder „Ablichtung".

Diesen Weg zu beschreiten, den Sie persönlich gegangen sind, ist für die Kirche häufig noch schwierig. Sie hat Kunst sehr lange als Mittel der Verkün-

digung gesehen, als Instrument der eigenen, kirchlichen Botschaft, hat selbst das Transzendenzmonopol beansprucht, die Deutungshoheit über die Lebenswirklichkeit. Das macht ihr die Gegenwartskunst strittig.

Zunächst ist moderne Kunst auch ein emanzipatorisches Geschehen, was sich den überkommenen Funktionalitäten verweigert und einen anderen Wirklichkeitszugang entwickelt hat und immer wieder neu entwickelt. Ich glaube, was wir als Kirche zu lernen haben, ist nicht, wie wir moderne Kunst wieder der Verkündigung dienstbar machen können, sondern wie wir diese Wirklichkeitszugänge zu erkennen lernen und damit selber neue Zugänge zur Wirklichkeit finden.

Der Künstler von heute scheint mir den Eremiten von gestern zu ersetzen, in der Radikalität des Fragens und Suchens und in der Entschiedenheit, seinen gesamten Lebensprozess als sein Werk zu verstehen und nicht auf Nutzen, vordergründigen Sinn, aufhängbare Flachware zu schauen …

Dem Eremiten war es andererseits fast egal, was die anderen davon hatten und damit machten. Das ist bei manchen modernen Künstlern heute auch so. Es ist ihnen egal. Aber es gab ja auch Mönche und gibt Künstler, die sich trotzdem noch in den Dienst nehmen lassen beziehungsweise nicht nur in der eigenen Zelle, dem eigenen Atelier steckenbleiben. Arnulf

Rainer als Beispiel hat mit seinen Übermalungen nicht nur eine um sich selbst kreisende Provokation bewirken wollen, sondern hat sich mit der Wirklichkeit um ihn herum auseinander gesetzt.

Als Negation.

Als Negation. Aber selbst in der extremsten Form der Negation, wie bei Francis Bacon, finden Sie den sehnsüchtigen Schrei nach dem, der aufhebt und aufnimmt und birgt. Ich glaube nicht, dass jeder Künstler, der diesen Schrei gestaltet, damit schon erlöst wird. Aber er artikuliert, was viele Menschen in unserer Zeit empfinden. Ich entdecke darin die Aufforderung, wach zu werden, zu sehen und aufmerksam zu sein, was wir entdecken an und in dieser Welt. Sehen wir ihre Fassade, ihr Glitzerndes, ihr Betäubendes, oder sehen wir auch ihre Schreie und ihre Hilferufe? Werden wir sensibler? Diese Veränderung des Blicks kann Kunst bewirken.

Können die Theologen von den Künstlern wieder lernen, existenzieller, radikaler zu leben? Sich wieder einzulassen auf ein Leben, dessen Sinn man im glücklichen Fall auf dem Sterbebett, rückblickend entdecken kann? Mehr zu fragen, statt auf alles fertige Antworten bereitzuhalten?

Das Abenteuer des Weges, dessen Ziel im Dunkeln ist und dessen Stationen selbst immer wieder überraschen, das müssen wir Theologen, wir Kirchenleute vielleicht wieder neu lernen. Wir sollten aber nicht vorschnell meinen, dass wir das nur von den Künstlern lernen können, denn es gibt auch Künstler, von denen ich nichts lernen kann und will, weil sie nur mit sich selbst und mit anderen spielen und das wieder ironisieren und kommerzialisieren.

Gegenwartskunst im Kirchenraum ist für Gemeinde oft keine leichte Kost, ist provozierend.

Wir haben mal eine Apokalypse-Veranstaltung gemacht. Da hat Felix Droese einen Container Altglas in die Kirche gekippt. Manche haben etwas daraus gelernt, während es anderen zu dumm war. Aber es wurde sowohl über Kunst wie über Apokalypse gesprochen.

Gegenwartskunst ist für eine Gemeinde nicht einfach zu konsumieren. Zugleich verbindet uns als Kirche viel mit der Kunst der Moderne. Wir kommen aus einer Tradition, die nicht nur skeptisch gegenüber der Kunst der Moderne gewesen ist, sondern in der die Abbildung selbst, das Bild selbst kritisiert wurde. „Du sollst dir kein Bildnis machen", diesen biblischen Ansatz finde ich gewahrt in moderner Kunst, in ihrer Umsetzung des Bildersturms. Die eigentliche Wirkung moderner Kunst ist die Entbilderung. Arbeiten moderner Kunst entziehen sich der Fixierung, man bekommt einen Anstoß, dann tritt das Bild wieder in den Hintergrund. Der Jesuitenpater Friedhelm Mennekes hat das in provozierender Weise betont: „Wer als Christ oder als

Mensch, der mit der Wirklichkeit Gottes in Berührung kommt, Kunst verwendet, muss ein Bilderstürmer sein. Deshalb hänge nie etwas in die Kirche, was du nicht wieder abhängen kannst."

Bald fünfzig Jahre in der Deichsel des Herrn: Was bleibt für die nächsten Jahre?

Ich fühle mich nach wie vor durch die Ordination verpflichtet und berechtigt, den Gemeinden, die mich anfragen, dienend zur Verfügung zu stehen in Gottesdienst, Predigt und Vortrag. Und solange das noch so ist, tue ich das noch gerne. Das ist das, was ich liebe.

Haben Sie ein Schriftwort für diese Lebensphase?

Ich habe ein Schriftwort, das über meinem ganzen Leben steht: „Der in euch angefangen hat das gute Werk, der wird es auch vollenden bis zum Tag Christi."* Ich muss nicht alles in den Jahren Begonnene krampfhaft weitermachen, aber Gott hat es angefangen, er wird es auch zu Ende bringen. Das Wort hat mir ein Seelsorger während meines Theologiestudiums gesagt, als ich im Zweifel war, ob ich nicht nach den Erkenntnissen und Entwicklungen des Studiums alles über Bord werfen müsste und das Studium beenden. Ich bin bis heute dabeigeblieben.

---

* Philipperbrief 1,6.

Dr. Wolfgang Huber,
geboren 1942, war Professor für Sozialethik in Marburg und Systematische Theologie in Heidelberg. Seit 1994 ist er Bischof der evangelischen Kirche in Berlin-Brandenburg-schlesische Oberlausitz, seit 2003 Vorsitzender des Rates der EKD.

Dr. Margot Käßmann,
geboren 1958, war langjähriges Mitglied des Zentral- und Exekutivausschusses des Ökumenischen Rates der Kirchen und Generalsekretärin des Deutschen Evangelischen Kirchentages. Seit 1999 ist sie Landesbischöfin der Evangelisch-Lutherischen Landeskirche Hannover.

Manfred Kock,
geboren 1936, Pfarrer und Superintendent, war Präses der Evangelischen Kirche im Rheinland und von 1997 bis 2003 Vorsitzender des Rates der EKD.

Wilfried Köpke,
geboren 1962, arbeitete nach den Studien von Philosophie, Theologie und Journalistik als Hörfunk- und Fernsehredakteur. Seit 1994 ist er freier Journalist (DIE ZEIT, HAZ, ARD, ARTE, Buchveröffentlichungen). Seit 2004 unterrichtet er als Professor für Hörfunk- und Fernsehjournalismus an der FH Hannover.